Die Prüfung von Bauträgern gemäß § 16 der Makler- und Bauträgerverordnung (MaBV)

Möglichkeiten der Rationalisierung und Standardisierung der Prüfung durch Verwendung von Prüfungsprogrammen

von

Wirtschaftsprüfer u. Steuerberater Konrad Bergmeister

und

Wirtschaftsprüfer u. Steuerberater Herbert Reiß

IdW-Verlag GmbH Düsseldorf
1984

ISBN 3-8021-0239-8

Gesamtherstellung: Weiss & Zimmer AG, Mönchengladbach

Die Prüfung von Bauträgern gemäß § 16 der Makler- und Bauträgerverordnung

Vorwort

Im Prüfungswesen sind Entwicklungen zu beobachten, die zum Nachweis der Einhaltung der beruflichen Sorgfaltspflichten eine stärkere Formalisierung der allgemeinen Regeln der Berufsausübung sowie vor allem auch der Prüfungsdurchführung verfolgen.

Kennzeichnend hierfür sind nicht nur die zunehmende Anzahl nationaler und internationaler fachlicher Verlautbarungen auf allen Gebieten des Prüfungswesens, sondern auch die immer drängenderen Forderungen nach Entwicklung und Verwendung von Prüfungsanweisungen und Prüfungsprogrammen.

Die damit verbundenen Chancen für die Träger wirtschaftlicher Prüfungen und deren Prüfungstätigkeit können insgesamt — trotz durchaus vorhandener Risiken — als positiv bewertet werden.

Die Eigenheiten der Prüfung und Berichterstattung gemäß § 16 der Makler- und Bauträgerverordnung (MaBV) erschienen uns in besonderem Maße geeignet zu versuchen, dabei mitzuhelfen, diese Prüfungstätigkeit durch Entwicklung eines Prüfungsprogrammes zu rationalisieren und zu standardisieren.

Das von uns mit dieser Arbeit vorgestellte Prüfungsprogramm zur Prüfung von Bauträgern im engeren Sinne nach § 16 MaBV — es ist im Anhangteil abgedruckt — ist in der Praxis bereits getestet. Eine abschließende Bewährungsprobe wird es in Anbetracht der recht kurzen „Probezeit“ allerdings wohl noch bestehen müssen.

Wir sind deshalb für Anregungen und kritische Hinweise zu Verbesserungen besonders dankbar.

Konrad Bergmeister *Herbert Reiß*

München/Amberg, im Januar 1984

Inhaltsverzeichnis

Anhang

A Zum Erfordernis der Entwicklung und Verwendung von Prüfungsprogrammen

Konstitutives Element des wirtschaftlichen Prüfungswesens ist die Abgabe vertrauenswürdiger Urteile[0]. Nicht nur die ständig steigende Zahl gesetzlich vorgeschriebener Pflichtprüfungen, zu denen nicht zuletzt auch die Prüfung nach § 16 der aufgrund der Ermächtigung in § 34 c Abs. 3 GewO erlassenen Makler- und Bauträgerverordnung (MaBV) gehört[1], sondern auch außerhalb gesetzlicher Normierungen sich etablierende Prüfungen wie etwa die Prüfung von Prospekten über Kapitalanlagen dokumentieren eindrucksvoll, daß die Öffentlichkeit großes Vertrauen in die Arbeit des Wirtschaftsprüfers setzt.

Soll der am abgegebenen Urteil Interessierte auf dessen Richtigkeit vertrauen können, muß es von einer unabhängigen Person sachkundig gebildet werden. Die erforderliche Sachkunde wird sowohl benötigt zur Ermittlung der zu beurteilenden Sachverhalte als auch zur Heranziehung und Anwendung der Urteilskriterien und -normen[2]. Die sachkundige Urteilsbildung setzt voraus, daß die Postulate nach vollständiger Erfassung aller urteilsrelevanten Sachverhalte — soweit diese für das Ergebnis wesentlich sind — und nach Nachvollziehbarkeit des Urteilsprozesses und der Urteile beachtet werden[3].

Im Prüfungswesen sind nun Entwicklungen zu beobachten, die zum Nachweis der Einhaltung der beruflichen Sorgfaltspflichten eine stärkere ,,Formalisierung'' sowohl ,,der allgemeinen Regeln für die Berufsausübung als auch der Prüfungsdurchführung im Einzelfall''[4] verfolgen. So hat das Institut der Wirtschaftsprüfer (IdW) das Thema Arbeitspapiere nach 50 Jahren Wirtschaftsprüfungspraxis erneut aufgegriffen und eine Stellungnahme zur Anlage der Arbeitspapiere des Abschlußprüfers verabschiedet[5].

Zunächst abgeschlossen ist auch die lange Diskussion über die Problematik der Gewährleistung der Prüfungsqualität (Quality Control), nachdem nun-

0 Vgl. *Leffson,* Wirtschaftsprüfung, 2. Auflage, Gabler Verlag, 1980, S. 8.
1 Gesetzestext und Verordnungswortlaut sind im Anhang abgedruckt.
2 Vgl. *Leffson,* a.a.O., S. 66.
3 Vgl. *Leffson,* a.a.O., S. 87 und S. 88.
4 *Havermann,* Entwicklungstendenzen in Rechnungslegung und Prüfung in nationaler und internationaler Sicht, Die Wirtschaftsprüfung (WPg) 1981, S. 573.
5 Stellungnahme HFA 2/1981: Arbeitspapiere des Abschlußprüfers, Fachnachrichten des Institutes der Wirtschaftsprüfer (FN) 1982, S. 4 f. Entsprechende Verlautbarungen liegen von der UEC, FN 1978, S. 263 ff. und der IFAC, FN 1981, S. 61 ff. vor.

mehr auch die „Gemeinsame Stellungnahme der Wirtschaftsprüferkammer und des Instituts der Wirtschaftsprüfer in Deutschland e. V. zur Gewährleistung der Prüfungsqualität“[6] vorliegt. Diese Stellungnahme, die sich ausdrücklich an die Empfehlung zur Abschlußprüfung Nr. 6 des Auditing Statements Board der UEC (= ASB 6): „Gewährleistung und Verbesserung der Prüfungsqualität — Quality Control —“[7] anschließt, unterscheidet in

— Maßnahmen zur Gewährleistung der Prüfungsqualität bei der fachlichen Organisation der Wirtschaftsprüfungspraxis und
— Gewährleistung der Prüfungsqualität bei der Abwicklung einzelner Prüfungsaufträge.

Bei der *fachlichen Organisation der Wirtschaftsprüfungspraxis* ist u. a. darauf zu achten, „daß die Mitarbeiter einer Wirtschaftsprüfungspraxis bei der Durchführung von Prüfungen gewissenhaft Gesetze, Rechtsprechung und fachliche Regelungen beachten. Hierfür eignen sich . . . vor allem schriftliche Anweisungen“[8]. In diesem Zusammenhang weist die Stellungnahme auf die Möglichkeit „schriftlicher Prüfungsrichtlinien, ggf. in Form einer geschlossenen Darstellung“, hin, um festzulegen, „wie einzelne Prüffelder oder Sachverhalte einheitlich zu behandeln sind. . . . Die Prüfungsanweisungen haben sich auf eine sachgerechte Vornahme der Prüfungshandlungen, ihre ausreichende Dokumentation sowie eine ordnungsmäßige Berichterstattung zu beziehen. . . . Hinsichtlich der Prüfungsdurchführung sollten die Prüfungsanweisungen je Prüffeld eine Beschreibung des Prüfungsziels und der in Betracht kommenden Prüfungshandlungen geben. Hierzu sind neben beschreibenden Anweisungen auch Fragebögen in geschlossener (ja/nein) oder offener Form (mit Erläuterungen) geeignet.“[8]

Auch das Auditing Practices Commitee der IFAC sieht in ihrem „Vorschlag für einen internationalen Leitsatz (Guideline) für die Abschlußprüfung: Gewährleistung der Prüfungsqualität (IFAC/Auditing ED 7)“ schriftliche Prüfungsprogramme als „ein wichtiges Instrument für die Vermittlung von Prüfungsanleitungen“[9] vor. Durch die Bereitstellung von Programmen im notwendigen Umfang soll insbesondere „der Bedarf der Prüfungspraxis an Mitarbeitern mit Erfahrung in Spezialbereichen“[9] gedeckt werden.

6 FN 1981, S. 306 ff. (Zitierweise: „Gemeinsame Stellungnahme“). Zu dieser Stellungnahme vgl. auch *Marks,* Die Gewährleistung der Prüfungsqualität, WPg 1982, S. 25 ff.
7 WPg 1979, S. 479 ff.
8 Gemeinsame Stellungnahme, a.a.O., S. 308.
9 WPg 1981, S. 154 bzw. S. 157.

Bei der *Abwicklung der einzelnen Prüfungsaufträge* ist die Prüfungsqualität vor allem durch eine entsprechende Prüfungsplanung und Beaufsichtigung der Prüfungsdurchführung sicherzustellen, wobei letztere nicht zuletzt auch die Prüfung der Einhaltung der Prüfungsanweisungen umfaßt[10].

Das Verwenden von Prüfungsprogrammen eröffnet unseres Erachtens durchaus Chancen, birgt andererseits aber auch Risiken in sich. An *Chancen* nennen wir konkret:

- Leitfadenfunktion für in Spezialbereichen weniger erfahrene Prüfer
- Entlastung des Prüfers von gedanklicher Routinearbeit
- Reduzierung der Schreibzeiten
- Erleichterung bei der Dokumentation der Prüfungshandlungen
- Gewähr für die vollständige Erfassung erforderlicher Prüfungsschritte
- Wahrung der Kontinuität der Prüfungsqualität
- Präzisierung der Berichtserfordernisse und damit Erleichterung der Berichtschreibung

Dem stehen aber auch *Risiken* gegenüber:

- Nachlassende Eigeninitiative bei den Prüfern
- Im Einzelfall Tendenz zur Übertreibung von Prüfungshandlungen aufgrund der Starrheit von Programmen
- Reduzierung auf Alibifunktion bei unsachgemäßem Ausfüllen von Programmen

Wie jedes wirtschaftliche Handeln, steht auch die Durchführung einer Prüfung unter dem Diktat des ökonomischen Prinzips.

Eine *möglichst wirtschaftliche Prüfungsdurchführung* liegt nicht zuletzt auch im Interesse der Auftraggeber.

Auch unter diesen Aspekten erscheint die Verwendung von Prüfungsprogrammen als Organisationshilfsmittel zur Rationalisierung des Prüfungsablaufs geeignet.

10 Vgl. Gemeinsame Stellungnahme, a.a.O., S. 309.

B Die Verwendbarkeit von Prüfungsprogrammen bei der Durchführung der Prüfung und Abfassung des Berichtes nach § 16 MaBV

An dieser Stelle erscheint es uns erforderlich, wenigstens mit ein paar Sätzen eine prüfungstheoretische Charakterisierung der Prüfung gem. § 16 MaBV vorzunehmen.

Versteht man mit *Wysocki* unter „Prüfung“ eine von natürlichen, prozeßunabhängigen Personen durchgeführte Veranstaltung, „die aus dem Vergleich von sogenannten Ist-Objekten mit entsprechenden Soll-Objekten (Normen) und einer Beurteilung der Ist-Objekte im Hinblick auf ihre Normentsprechung besteht“[11], so kommt man ebenfalls mit *Wysocki* zu folgenden (Teil-)Prozeßfolgen[12]:

- *der Ermittlungsprozeß,* d. h. die Feststellung der Ist-Merkmalsausprägung des Prüfungsobjektes einerseits und die Feststellung des aus sogenannten Normen abgeleiteten Soll-Objektes andererseits;
- *der Vergleichsprozeß* als Soll-/Ist-Vergleich;
- *der Beurteilungsprozeß,* d. h. die Feststellung, ob zwischen Ist- und Soll-Merkmalsprägung eine Abweichung besteht und ob diese ggf. ein tolerierbares Maß überschreitet.
- *Formulierung des Prüfungsergebnisses* und ggf. Mitteilung des Ergebnisses an den Auftraggeber der Prüfung

Leffson[13] weist mit Recht darauf hin, daß bei Prüfungen jeder Art die Soll-Objekte grundsätzlich in vergleichsfähiger Form nicht zur Verfügung stehen, sondern daß diese in aller Regel aus den für die betreffende Prüfung heranzuziehenden Normen abgeleitet bzw. entwickelt werden müssen. „Eine begriffliche Trennung von Soll-Objekt und Norm ist nur in Ausnahmefällen nicht erforderlich, nämlich dann nicht, wenn die anzuwendende Norm so formuliert ist, daß sie unmittelbar dem zu beurteilenden Ist-Merkmal gegenübergestellt werden kann“[14].

11 *Wysocki,* Grundlagen des betriebswirtschaftlichen Prüfungswesens, 2. Auflage, Verlag Franz Vahlen, 1977, S. 1.

12 Vgl. *Wysocki,* a.a.O., S. 2.

13 *Leffson,* Das wirtschaftliche Prüfungswesen im System der allgemeinen Betriebswirtschaftslehre, WPg 1969, S. 389 ff., insbesondere S. 394 f.

14 *Wysocki,* a.a.O., S. 9.

Wir kommen hier zur *ersten Besonderheit* der Prüfung gem. § 16 MaBV. Gegenstand der Prüfung ist die Einhaltung der §§ 2 bis 14 MaBV. Die Soll-Objekte im Sinne der o. a. Terminologie sind also durch die Rechtsverordnung eindeutig vorgegeben. Der Prüfer steht vor der Aufgabe, eine Vielzahl von Einzelsachverhalten auf Übereinstimmung mit im einzelnen normierten Tatbeständen zu vergleichen. Sieht man davon ab, daß die gesetzlichen Normen teilweise kompliziert und interpretationsbedürftig sind, auch davon, daß innerhalb der Rechtsverordnung Regelungslücken auftauchen können, so besteht doch grundsätzlich für den Prüfer kein Spielraum für pflichtgemäße Ermessensausübung. Im Gegensatz etwa zur Jahresabschlußprüfung, bei der der Prüfer zu entscheiden hat, ob die Grundsätze ordnungsmäßiger Buchführung und Bilanzierung, gesetzliche Bestimmungen und betriebsinterne Anweisungen eingehalten sind, das Soll-Objekt sich also meist nicht aus einer einzigen und eindeutigen oder gar kodifizierten Norm ableiten läßt. ,,Hier ist es Aufgabe des Prüfers, durch richtige Gewichtung der im Verlauf seiner Prüfung festgestellten positiven und negativen Teilurteile ein Gesamturteil zu fällen . . .“[15].

Die *Besonderheit der Berichterstattung* nach § 16 MaBV besteht wiederum anders als bei der Jahresabschlußprüfung darin, daß ,,das Ergebnis der Prüfung nicht in einem wertenden Gesamturteil zusammenzufassen, sondern . . . über jeden einzelnen Verstoß zu berichten oder die Erklärung abzugeben (ist), daß Verstöße nicht festgestellt worden sind“[16]. ,,Der Prüfungsbericht gem. § 16 Abs. 1 MaBV hat die Aufsichtsbehörde darüber zu unterrichten, ob der Gewerbetreibende die zum Schutze der Allgemeinheit und der Auftraggeber erlassenen Vorschriften der §§ 2 bis 14 MaBV eingehalten hat. Die durch den Bericht vermittelten Kenntnisse über den Gewerbetreibenden sollen die Behörde befähigen, sich ein eigenes Urteil über dessen Zuverlässigkeit zu bilden und ggf. Konsequenzen hinsichtlich seiner Erlaubnis zur Berufsausübung zu ziehen“[17].

Während bei den meisten betriebswirtschaftlichen Prüfungen, aber insbesondere bei der Jahresabschlußprüfung der Wirtschaftsprüfer in eigener Autorität sein (positives oder negatives) Gesamturteil abgibt, agiert er bei der gewerberechtlichen Prüfung nur als Informationsvermittler für die den Prüfungsbericht empfangenden Behörde. ,,Der Prüfer hat lediglich die Einhaltung der sich aus den §§ 2 bis 14 MaBV ergebenden Verpflichtungen zu untersuchen

15 *Hofbauer,* Die gewerberechtlichen Prüfungsbestimmungen für Wohnungsunternehmen, WPg 1976, S. 375.
16 WFA 1/1978, WPg 1979, S. 78.
17 WFA 1/1982, WPg 1982, S. 664.

und Verstöße des Gewerbetreibenden gegen diese Verpflichtungen in seinem Vermerk festzuhalten. Dies gilt selbst für eine einzige isoliert festgestellte Fehlerhaftigkeit: auch diese ist zu erwähnen"[18].

Aus den genannten Besonderheiten der Prüfung und Berichterstattung gem. § 16 MaBV leiten wir ab, daß die gewerberechtliche Prüfung in besonderem Maße für eine Standardisierung und Programmierung geeignet ist. Die in Kapitel A aufgeführten Chancen bei der Verwendung von Prüfungsprogrammen können dabei weitgehend wahrgenommen werden.

18 *Hofbauer*, Die gewerberechtlichen Prüfungsbestimmungen für Wohnungsunternehmen, a.a.O., S. 375.
Dies schließt nicht aus, daß der Prüfer auf die Bedeutung der festgestellten Verstöße in seinem Bericht hinweist. Auch kann ein Hinweis im Bericht angebracht sein, ob es sich bei den festgestellten Verstößen um vereinzelt aufgetretene Fehler oder um Fehler handelt, die sich aufgrund fehlender organisatorischer Vorkehrungen zur Einhaltung der MaBV zwangsläufig gehäuft einstellen müssen (vgl. auch WFA 1/1982, a.a.O., S. 667).

C Das Prüfungsprogramm für Bauträger

I Der Geltungsbereich des Programmes

1. Systematisierung der prüfungsrelevanten Bestimmungen der MaBV

Gemäß § 34 c Abs. 1 GewO bedürfen Makler, Darlehens- und Anlagenvermittler sowie Baubetreuer und Bauträger zur Ausübung ihres Gewerbes der Erlaubnis der zuständigen Behörde.

Sie unterliegen damit — von wenigen Ausnahmen abgesehen (vgl. § 1 MaBV) — auch den Bestimmungen der MaBV.

Diese umfassen insbesondere

— Sicherungspflichten (§§ 2, 3, 4, 5, 6, 7 MaBV);

— Rechnungslegungs-, Informations- und Anzeigepflichten (§§ 8, 11, 9 MaBV);

— Dokumentations-, Nachweis- und Aufbewahrungspflichten (§§ 10, 13, 14 MaBV).

Grundsätzlich gelten sämtliche Bestimmungen der MaBV für alle vorstehend genannten Gewerbetreibenden in gleicher Weise. Lediglich für Bauträger sind in § 3 MaBV „besondere Sicherungspflichten" bestimmt, die wiederum von besonderer Bedeutung für die Bauträger im „engeren Sinne" (vgl. hierzu Kapitel C, I, 2) sind.

Für alle Gewerbetreibenden gilt auch die *Ausnahmevorschrift* des § 7 MaBV, die unter bestimmten Voraussetzungen, nämlich einer umfassenden Absicherung aller etwaigen Ansprüche der Auftraggeber auf Rückgewähr oder Auszahlung ihrer Vermögenswerte, die Befreiung von den (weniger strengen) Sicherungspflichten der §§ 2—6 MaBV vorsieht.

Die Systematisierung der prüfungsrelevanten Bestimmungen der MaBV im Hinblick auf ihre Geltung für die gem. § 34 c Abs. 1 GewO jeweils erlaubnispflichtigen Gewerbetreibenden führt zu folgender *Übersicht:*

11 Makler, Darlehens- und Anlagenvermittler
  111 bei Hereinnahme von Vermögenswerten der Auftraggeber
    1111 Normalfall: §§ 2, 4 Abs. 1 Nr. 1, 5, 6, 8—14 MaBV
    1112 Ausnahmefall: §§ 7—14 MaBV
  112 andernfalls: §§ 9—14 MaBV

12 Baubetreuer
- 121 bei Hereinnahme von Vermögenswerten der Auftraggeber
  - 1211 Normalfall: §§ 2, 4 Abs. 1 Nr. 2, 4 Abs. 2, 5, 6, 8—14 MaBV
  - 1212 Ausnahmefall: §§ 7—14 MaBV
- 122 andernfalls: §§ 9—14 MaBV

13 Bauherren, die zur Durchführung eines Bauvorhabens in eigenem Namen Vermögenswerte Dritter verwenden
- 131 Bauträger, die Vermögenswerte von Erwerbern verwenden
  - 1311 Normalfall: §§ 3 Abs. 1 und Abs. 2, 4 Abs. 1 Nr. 2, 5, 6, 8—14 MaBV
  - 1312 Ausnahmefall: §§ 7—14 MaBV
- 132 Bauträger, die Vermögenswerte von Mietern, Pächtern oder sonstigen Nutzungsberechtigten verwenden
  - 1321 Normalfall: §§ 2, 3 Abs. 3, 4 Abs. 1 Nr. 2, 5, 6, 8—14 MaBV
  - 1322 Ausnahmefall: §§ 7—14 MaBV

2. Bauträger im engeren Sinne

Von dem vorliegenden Programm in vollem Umfang abgedeckt werden grundsätzlich nur Bauherren (vgl. Ziff. 131 vorstehender Übersicht), die zur Vorbereitung oder Durchführung des Bauvorhabens im eigenen Namen für eigene oder fremde Rechnung Vermögenswerte von Erwerbern oder von Bewerbern um Erwerbsrechte verwenden (§ 34 c Abs. 1 Nr. 2 a 1. Alternative). Wir haben sie in der Überschrift als „*Bauträger im engeren Sinne*" bezeichnet.

Nicht (voll) abgedeckt werden demnach außer den Maklern, Darlehens- und Anlagenvermittlern (§ 34 c Abs. 1 Nr. 1 GewO) sowie Baubetreuern (§ 34 c Abs. 1 Nr. 2 b) auch diejenigen Bauträger, die zur Vorbereitung oder Durchführung eines Bauvorhabens im eigenen Namen Vermögenswerte von Mietern, Pächtern oder sonstigen Nutzungsberechtigten oder von Bewerbern um Nutzungsrechte verwenden (§ 34 c Abs. 1 Nr. 2 a 2. Alternative), vgl. Ziff. 132 vorstehender Übersicht.

Es soll an dieser Stelle nicht auf eine Begriffsabgrenzung der gem. § 34 c GewO erlaubnispflichtigen Gewerbetreibenden eingegangen werden[19].

19 Vgl. hierzu *Hofbauer,* MaBV — Gewerberechtliche Vorschriften für Wohnungsunternehmen, Immobilienmakler und Anlagenvermittler, Verlag für Wirtschaft und Verwaltung Hubert Wingen, Essen 1980, S. 23 ff.

Wichtig erscheint uns allerdings festzuhalten, daß nur diejenigen Bauträger über § 1 MaBV der Makler- und Bauträgerverordnung unterworfen und damit gem. § 16 MaBV prüfungspflichtig sind, die nach § 34 c GewO der Erlaubnis der zuständigen Behörde bedürfen. Der Erlaubnis bedürfen nach dem klaren Gesetzeswortlaut aber nur diejenigen Bauträger bzw. ,,Bauherren", die zur Vorbereitung oder Durchführung des Bauvorhabens Vermögenswerte Dritter verwenden[20]. Diese Tatbestandsvoraussetzung gilt in gleicher Weise für die Bauträger, bei denen im Verhältnis zum Auftraggeber lediglich ein ,,Nutzungsverhältnis" begründet werden soll (vgl. § 3 Abs. 3 MaBV), wie für die Gewerbetreibenden, die dem Auftraggeber Eigentum an einem Grundstück übertragen oder ein Erbbaurecht bestellen oder übertragen (sollen) — Bauträger im engeren Sinne (vgl. § 3 Abs. 1 MaBV). Die Verwendung von Auftraggebermitteln ist bei Bauträgern im Unterschied zu den übrigen erlaubnispflichtigen Gewerbetreibenden, nämlich den Maklern, Vermittlern und Baubetreuern unabdingbare Voraussetzung dafür, daß überhaupt die Makler- und Bauträgerverordnung zum Tragen kommt.

In diesem Zusammenhang sei der Vollständigkeit halber lediglich noch erwähnt, daß im Hinblick auf die beträchtliche Unsicherheit, inwieweit Generalunternehmer ebenfalls als Bauherren i. S. d. Makler- und Bauträgerverordnung anzusehen sind und damit bei Verwendung von Vermögenswerten Dritter der Verordnung unterliegen, durch die jüngste Stellungnahme des WFA eine gewisse Klarstellung erfolgt ist[21].

II Allgemeine Erläuterungen zum Prüfungsprogramm

Für die Prüfung nach § 16 MaBV liegen bisher drei Stellungnahmen des wohnungswirtschaftlichen Fachausschusses beim Institut der Wirtschaftsprüfer vor:

- Stellungnahme WFA 1/1978: Zur Prüfung Gewerbetreibender i. S. d. § 34 c Abs. 1 der GewO, gem. § 16 Makler- und Bauträgerverordnung (MaBV)[22].

20 Vgl. WFA 2/1982, WPg 1982, S. 668.

21 WFA 2/1982, a.a.O., S. 667. Die Unsicherheit beruhte insbesondere auf Interpretationen der Entscheidung des BGH v. 26. 1. 1978 (VII ZR 50/77) und hiervon abweichender Auffassung der Gewerberechtsreferenten des Bundes und der Länder (vgl. FN 1978, S. 76), die sich vor Ergehen des BGH-Urteils mit den Abgrenzungskriterien zum Bauherrenbegriff befaßt hatten, vgl. hierzu auch *Marcks,* Makler- und Bauträgerverordnung, Verlag C. H. Beck, 1981, S. 134 ff.

22 WPg 1979, S. 78 ff., vgl. auch WPg 1982, S. 664.

— Stellungnahme WFA 1/1982: Mustergliederung eines Prüfungsberichts für Prüfungen nach § 16 MaBV[23].
— Stellungnahme WFA 2/1982: Zu Zweifelsfragen bei der Anwendung der Makler- und Bauträgerverordnung[24].

Diese Stellungnahmen bilden die fachliche Grundlage für jede Prüfung gem. § 16 MaBV. Sie wurden bei der Erarbeitung des vorliegenden Prüfprogrammes berücksichtigt.

1. Der Aufbau des Programmes

Die Abschnitte des Prüfungsprogrammes lassen sich in *drei Gruppen* unterteilen:

a) Prüfungshandlungen, die prüfungstechnisch gesehen das Unternehmen, seine Tätigkeit und Organisation betreffen; dies sind die Abschnitte A, B und C.
b) Verkaufsmaßnahmenbezogene Prüfungshandlungen; dies sind die Abschnitte D, E, F, G und H.
c) Die zusammenfassenden Abschnitte I und K.

Die unter Buchstabe a) und c) aufgeführten Programmteile sind bei jeder Prüfung nur einmal auszufüllen. Die verkaufsmaßnahmenbezogenen Programmabschnitte (Buchstabe b) dagegen sind für jede zu prüfende „Verkaufsmaßnahme“, in der Regel also mehrfach, zu verwenden.

2. Hinweise für die Verwendung des Programmes

Bevor wir auf den Inhalt des Prüfungsprogrammes für Bauträger im einzelnen eingehen, möchten wir folgende allgemeine Verwendungshinweise geben, um den Umgang mit dem Programm zu erleichtern:

— Aufgrund der unterschiedlichen Regelungsbereiche der MaBV sowie der zahlreichen Querverweise sowohl innerhalb der Verordnung als auch auf Vorschriften des § 34 c GewO, bereitet es einige Mühe, die für das jeweilige Prüfungsobjekt relevanten Vorschriften vollständig

23 WPg 1982, S. 664 ff.
24 WPg 1982, S. 667 f.

zu erfassen. Für den Anwendungsbereich „Bauträger im engeren Sinne" ist dies durch das Prüfungsprogramm geschehen.

Bei der Konzeption des Programmes war es u. a. unser Ziel, vor allem jenem Prüfer, der mit dieser Materie weniger häufig befaßt ist, auch einen *rechtlichen Leitfaden* an die Hand zu geben.
Gleichwohl ist es unverzichtbar, den Wortlaut insbesondere einzelner komplizierter Bestimmungen der Verordnung während der Durchführung der Prüfung immer wieder nachzulesen. Um den Umfang des Programmes ohne Beeinträchtigung seiner Vollständigkeit so gering wie nur möglich zu halten, wird gelegentlich — insbesondere bei Vorschriften, die in der Praxis nur fallweise zur Anwendung kommen — lediglich auf die entsprechenden Vorschriften der Verordnung verwiesen, ohne auf deren Inhalt einzugehen. Der Prüfer ist hier in besonderem Maße angehalten, sich mit den Vorschriften inhaltlich auseinanderzusetzen.

— In aller Regel wird die *Reihenfolge der vorzunehmenden Prüfungsschritte* der Anordnung der Programmabschnitte entsprechen, Doppelarbeiten sollen durch entsprechende Verweise, wie wir sie beispielsweise zwischen Abschnitt D Frage 2 und Abschnitt I vorgegeben haben, vermieden werden.

— Grundsätzlich haben wir das Prüfungsprogramm so angelegt, daß die *Dokumentation* sowohl der Prüfungshandlungen als auch der Prüfungsergebnisse im Programm selbst erfolgen kann. Darüber hinaus sind aber auch individuelle Arbeitspapiere zu erstellen, auf die dann entsprechend zu verweisen ist, so z. B. in Abschnitt A, B oder in Abschnitt E.

— Die bisherigen Erfahrungen mit dem Prüfungsprogramm haben gezeigt, daß es sinnvoll sein kann, für jeden verwendeten Abschnitt entsprechend der Organisation der Wirtschaftsprüferpraxis eigene *Arbeitspapiere bzw. Prüffeldbögen* anzulegen, in denen dann auch Raum wäre für die nach dem Programm erforderliche Beiheftung von Kopien, Nachweisen etc.

— Die Abwicklung einer Verkaufsmaßnahme nimmt erfahrungsgemäß einen Zeitraum in Anspruch, der über den Prüfungszeitraum hinausgeht[25].

25 § 16 Abs. 1 Satz 1 MaBV bestimmt das Kalenderjahr als Prüfungszeitraum.

Um den Überblick über den Prüfungsgegenstand zu verbessern und um die Prüfungsdurchführung zu rationalisieren, bieten sich einzelne Prüfungsprogrammabschnitte bzw. beizuheftende Unterlagen zur Verwendung als *Dauerarbeitspapiere* an. So kann die Skizzierung der organisatorischen Gegebenheiten (vgl. Abschnitt B) ohne besonderen Aufwand in späteren Jahren fortgeschrieben werden, bis einschneidende Änderungen des Organisationsablaufes eine Neuanlage dieses Abschnittes erforderlich machen. Wesentliche „Stammdaten" der Datensammlung in Abschnitt D wie z. B. die Höhe der vertraglich vereinbarten Raten werden regelmäßig im Jahr der ersten Vertragseinsicht für alle Raten eingetragen. Bis zur Abwicklung der Verkaufsmaßnahme sind dann bei nachfolgenden Prüfungen die übrigen Daten wie z. B. der Zeitpunkt des Zahlungseingangs einer Rate zu ergänzen.

— Eine *Aufteilung des Prüfungsstoffes* in personeller Hinsicht kann entsprechend der in Kapitel C, II, 1 vorgenommenen Gruppenbildung erfolgen. Innerhalb der verkaufsmaßnahmenbezogenen Vorschriften bietet sich an, daß man verschiedene Maßnahmen auf verschiedene Prüfer verteilt.

— Die in den verschiedenen Abschnitten des Prüfungsprogrammes vorgegebenen Möglichkeiten zur Aufzeichnung von Stichproben[26] stellen *keine Vorgabe des Prüfungsumfanges* dar. Es muß im Ermessen des Prüfers bleiben, welchen Stichprobenumfang er seiner Prüfung zugrunde legt, damit ihm ein ausreichend fundiertes Urteil möglich ist. Organisationsform, Bedeutung des Prüfungsgegenstandes und Verläßlichkeit der Aufzeichnungen des zu prüfenden Unternehmens sind in diesem Zusammenhang von wesentlicher Bedeutung. Werden durch Stichproben Verstöße festgestellt, so werden die Prüfungshandlungen auszudehnen sein hinsichtlich weiterer Verstöße gleicher Art[27].
Die verschiedenen Seiten des Prüfungsprogrammes sind entsprechend dem gewählten Prüfungsumfang in mehrfacher Ausfertigung zu verwenden.

— Ist gleichzeitig zur Prüfung gem. § 16 MaBV ein Auftrag zur Prüfung oder Erstellung des Jahresabschlusses erteilt, so sollte bereits bei des-

26 Zur Zulässigkeit der Prüfung in Stichproben, vgl. WFA 1/1978, a.a.O., S. 78.
27 Vgl. FG 1/1977, WPg 1977, S. 212.

sen Durchführung auf die *speziellen Erfordernisse der MaBV-Prüfung* geachtet werden. Das Prüfungsprogramm sollte deshalb schon bei der Durchführung dieser Aufträge mit herangezogen und soweit als möglich ausgefüllt werden. So ist z. B. eine Verbindung der Prüfung der erhaltenen Erwerberanzahlungen im Jahresabschluß mit der Prüfung in Abschnitt D denkbar.

— Bedingt durch die zu prüfende Materie bedient sich das Prüfungsprogramm *sowohl der geschlossenen* (JA/NEIN) als *auch der offenen Form* (mit Erläuterungen). Bei der Abfassung des Programmes wurde, um den Prüfer zu einer inhaltlichen Auseinandersetzung mit den vorgegebenen Prüfungsschritten anzuregen, nicht zuletzt aber auch aus stilistischen Gründen darauf verzichtet, bei Verwendung der geschlossenen Form ein „JA" bzw. „NEIN" in gleichbleibender Weise als Verstoß zu werten.

III Erläuterungen zu den einzelnen Abschnitten des Programmes

1. Generelle Prüfungshandlungen

a) Vorbereitende Prüfungshandlungen (Abschnitt A)

Zunächst muß sich der Prüfer in jedem Falle einen *Überblick über sämtliche vom Gewerbetreibenden getätigten Geschäfte* verschaffen. Nur so kann er beurteilen, welche Aktivitäten des Gewerbetreibenden erlaubnis- und damit prüfungspflichtig sind.

In der Regel macht die Verschaffung eines derartigen Überblicks sowie die Prüfung der Vollständigkeit und Richtigkeit vorgelegter Unterlagen keine Schwierigkeiten, sofern auch ein Auftrag auf Prüfung oder Erstellung des Jahresabschlusses erteilt ist. In diesen Fällen ist es dem Prüfer schon von dieser Tätigkeit her möglich, den erforderlichen Überblick über die vom Gewerbetreibenden getätigten Geschäfte zu gewinnen.

Schwierigkeiten ergeben sich in aller Regel immer dann, wenn nur ein Auftrag zur Prüfung gem. § 16 MaBV erteilt ist und auch kein Bericht über die Prüfung oder Erstellung des Jahresabschlusses eines Berufskollegen vorliegt, zumal es in der Praxis nicht immer leicht ist, vom Gewerbetreibenden qualifizierte Übersichten über seine getätigten Geschäfte zu erhalten. Für diese Fälle kann beispielsweise durch Durchsicht von Mustern von Verträgen, der Bau-

und Erlöskonten, der Inseratensammlung nach § 13 sowie durch ergänzende Befragung des Gewerbetreibenden der erforderliche Überblick über die getätigten Geschäfte i. S. d. § 34 c Abs. 1 GewO gewonnen werden.

Ergänzend schlägt das Prüfungsprogramm vor, sich die nach dem Muster einer Vollständigkeitserklärung des IdW vorgesehenen Verzeichnisse sämtlicher getätigten Geschäfte i. S. d. § 34 c GewO schon zu Beginn der Prüfung aushändigen zu lassen.

Die systematische Darstellung der vom Gewerbetreibenden ausgeführten Tätigkeiten i. S. d. § 34 c Abs. 1 GewO und deren Umfang in den Arbeitspapieren findet in komprimierter Form Eingang auch in den Prüfungsbericht nach § 16 MaBV[28].

Es darf als eine Regelungslücke in der Makler- und Bauträgerverordnung angesehen werden, daß ganz offensichtlich der Verordnungsgeber nicht davon ausgeht, daß der Prüfer die Übereinstimmung der tatsächlich durchgeführten erlaubnispflichtigen Tätigkeiten mit der erteilten Erlaubnis gem. § 34 c GewO abstimmt. In der Stellungnahme des WFA 1/1982 wird auf dieses Problem nicht direkt hingewiesen. Es wird allerdings festgestellt, daß es neben der Pflicht zur Berichterstattung gemäß § 16 Abs. 1 MaBV „auch eine aus der allgemeinen Treuepflicht abgeleitete Redepflicht"[29] gebe. Bei sehr schwerwiegenden Verstößen der Geschäftsführung gegen Gesetz oder Satzung besteht nach Auffassung des WFA dem Auftraggeber gegenüber eine schriftliche Informationspflicht, die jedoch nicht im Prüfungsbericht über die gewerberechtliche Prüfung auszuüben sei, „weil dieser auch der Aufsichtsbehörde vorzulegen ist"[30].
In Abschnitt A des Programms wird abschließend der Prüfer daran erinnert, die im Rahmen der Berichterstattung erforderliche Darstellung der „rechtlichen Verhältnisse", so wie dies in der Stellungnahme des WFA 1/1982 gefordert ist[30], in den Arbeitspapieren, ggf. Dauerarbeitspapieren, niederzulegen bzw. zu überarbeiten.

b) Feststellungen zur Organisation und zur Qualität der Aufzeichnungen (Abschnitt B)

Die in diesem Abschnitt zu treffenden Feststellungen sind die Voraussetzung dafür, daß der Prüfer Aussagen zur Einhaltung der §§ 3 und 4 sowie 10 Abs.

28 Vgl. WFA 1/1982, a.a.O., S. 665 f.
29 WFA 1/1982, a.a.O., S. 664.
30 WFA 1/1982, a.a.O., S. 665.

2, 4 und 5 MaBV aufgrund einer stichprobenweisen Prüfung treffen kann. Sie bilden z. B. aber auch die Grundlage für die Beurteilung, ob der Bauträger dem Interessenten bis zur Auftragsannahme die ,,nach dem jeweiligen Verhandlungsstand" erforderlichen Daten mitgeteilt hat (vgl. hierzu Kapitel C, III, 2 f).

Die Feststellungen betreffen zum einen die organisatorischen Vorkehrungen des Gewerbetreibenden, zum anderen die Ordnungsmäßigkeit der Buchführung. Nach der vom wohnungswirtschaftlichen Fachausschuß in seiner Stellungnahme 1/1982 vorgelegten ,,Mustergliederung eines Prüfungsberichts für Prüfungen nach § 16 MaBV" sind entsprechende Feststellungen in den Prüfungsbericht aufzunehmen[31].

In Nr. 1 dieses Programmabschnittes werden zunächst beispielhaft Fragen allgemeiner Art zu Prospektinhalten, Vertragsgestaltungen, zum Formularwesen sowie zum System der Feststellung der Bautenstände, dem Ratenabrufsystem, zur Art des Zahlungsverkehrs mit den Handwerkern und zur Organisation des Vertriebes gestellt. Der Prüfer wird im Einzelfall weitere Fragen stellen müssen, um beantworten zu können, inwieweit die *organisatorischen Vorkehrungen* des Unternehmens grundsätzlich geeignet sind, die Einhaltung der Bestimmungen der MaBV zu gewährleisten.

Von besonderer Problematik scheinen uns hier allerdings die geforderten Feststellungen zur *,,Ordnungsmäßigkeit der Buchführung"*[32]. Sie sind erforderlich, wenn der Prüfer nach der MaBV zu beurteilende Sachverhalte anhand der Buchführung prüfen will. Die Prüfung der Buchführung ,,kann eingeschränkt werden, unter Umständen entfallen, wenn eine Abschlußprüfung für den Prüfungszeitraum nach berufsüblichen Grundsätzen vorausgegangen ist und der Bestätigungsvermerk keine Einschränkungen hinsichtlich der Ordnungsmäßigkeit der Buchführung enthält"[33]. Dies muß auch gelten, wenn durch einen Berufsangehörigen der Jahresabschluß erstellt wurde und die Bescheinigung hinsichtlich der Ordnungsmäßigkeit der Buchführung nicht eingeschränkt wurde.

In allen anderen Fällen sind Prüfungshandlungen zur Beurteilung der Ordnungsmäßigkeit der Buchführung des Gewerbetreibenden erforderlich. Dies kann allerdings nicht bedeuten, daß der zur Prüfung der gewerberechtlichen Bestimmungen beauftragte Wirtschaftsprüfer ein abschließendes Urteil zur

31 Vgl. WFA 1/1982, a.a.O., S. 666.
32 Vgl. WFA 1/1982, a.a.O., S. 666.
33 Vgl. WFA 1/1978, a.a.O., S. 78.

Ordnungsmäßigkeit i. S. d. Handels- und Steuerrechts abzugeben hat. Eine derartige Forderung würde die Aufgabenstellung des gewerberechtlichen Prüfers weit überzeichnen. Dieser hat vielmehr lediglich insoweit auf die Ordnungsmäßigkeit der Buchführung zu achten, als diese Voraussetzung dafür ist, daß die speziellen Erfordernisse der MaBV eingehalten werden.

Gleichwohl erscheint es uns erforderlich, in diesem Zusammenhang folgende grundsätzliche Feststellungen zu treffen:

Eine Buchführung ist ordnungsmäßig, wenn die für die kaufmännische Buchführung erforderlichen Bücher geführt werden, diese förmlich in Ordnung sind und der Inhalt sachlich richtig ist[34]. Mithin ist die Organisation der Buchführung und die Ordnungsmäßigkeit der Eintragungen in die Handelsbücher zu untersuchen:

— Dem *System der doppelten Buchführung* kommt wegen seiner geschlossenen Systematik und dem sich aus der Doppik ergebenden System von Konto und Gegenkonto eine höhere Beweiskraft als anderen Buchführungssystemen zu[35]. Eine kaufmännische Buchführung erfordert die Aufzeichnung der Geschäftsvorfälle in einem Grundbuch (Journal) in zeitlicher und in einem Hauptbuch (Sachkonten) in sachlicher Ordnung. Aus Gründen der Übersichtlichkeit werden daneben regelmäßig Nebenbücher (z. B. Kontokorrente) eingerichtet.

— „Die wichtigsten Kennzeichen für die *Ordnungsmäßigkeit der Eintragungen* in die Handelsbücher sind fortlaufende, vollständige und richtige Eintragungen. Diese Gesichtspunkte können als feststehende Grundsätze der Ordnungsmäßigkeit der Buchführung angesehen werden“[36]. Im Rahmen der MaBV-Prüfung wird sich der Prüfer wohl davon überzeugen, ob die zugrunde gelegte Buchführung über eine in sich schlüssige Hauptabschlußübersicht, die alle während des Geschäftsjahres angesprochenen Konten enthält, abgeschlossen wurde, ob zeitnah verbucht wurde und welche organisatorischen Vorkehrungen zur Sicherstellung der zeitgerechten Erfassung und sachgerechten Zuordnung aller aufzeichnungspflichtigen Geschäftsvorfälle bestehen.

34 Vgl. Abschnitt 29 Abs. 2 Nr. 1 EStR 1981.
35 Vgl. *Adler/Düring/Schmaltz,* Rechnungslegung und Prüfung der Aktiengesellschaft, 4. Auflage, Verlag C. E. Poeschel 1968, § 149, Tz. 109.
36 *Adler/Düring/Schmaltz,* a.a.O., § 149, Tz. 135.

Der tatsächliche Ablauf der Buchführungsorganisation kann dann beispielsweise, wenn Zahlungsvorgänge im wesentlichen über gesonderte Bankkonten pro Verkaufsmaßnahme abgewickelt werden und anhand der Bankbelege gebucht wird, durch stichprobenweisen Vergleich der Bewegungen auf den Bankkonten mit den entsprechenden Eintragungen in den Konten der Buchhaltung geprüft werden. Der Prüfung und Beurteilung des *internen Kontrollsystems,* insbesondere soweit es der Sicherung von Erwerbermitteln als auch einer ordnungsmäßigen Rechnungslegung dient, kommt im Hinblick auf die sich aus der MaBV ergebenden Verpflichtungen des Gewerbetreibenden besondere Bedeutung zu. Der Prüfer wird hierbei sein Augenmerk vor allem auf Fragen der Funktionstrennung, Kompetenzregelung, Kontrollen über das Rechnungswesen und den Einsatz von vorgedruckten Belegen und anderen Formularen, die den Bearbeiter zur Einhaltung eines bestimmten Systems zwingen, richten.

c) Die Prüfung unternehmensbezogener Vorschriften (Abschnitt C)

In diesem Abschnitt werden die Bestimmungen des § 5 MaBV (Hilfspersonal), § 8 MaBV (Rechnungslegung), § 9 MaBV (Anzeigepflicht), § 13 MaBV (Inseratensammlung) und § 14 MaBV (Aufbewahrung) zusammengefaßt. Es handelt sich hierbei um Bestimmungen, die losgelöst von den verkaufsmaßnahmenbezogenen Vorschriften geprüft werden können.

ca) § 5 MaBV — Hilfspersonal

„Zweck des § 5 ist es, eine Gefährdung der Vermögenswerte der Auftraggeber nach Möglichkeit auch dann zu verhindern, wenn der Gewerbetreibende bei der Durchführung des Auftrags Hilfspersonal einschaltet“[37]. Das Hilfspersonal ist nämlich mangels einer entsprechenden Ermächtigungsgrundlage in § 34 c Abs. 3 GewO nicht zur Einhaltung der §§ 3 und 4 MaBV verpflichtet worden, weshalb der Verordnungsgeber sich dafür entschieden hat, „den Gewerbetreibenden in § 5 zu verpflichten, sicherzustellen, daß die Entgegennahme und Verwendung von Vermögenswerten des Auftraggebers durch sein Hilfspersonal nur nach Maßgabe der §§ 3 und 4 MaBV geschieht“[38]. Der Gewerbetreibende hat in diesem Zusammenhang alles ihm zumutbare im Hin-

37 *Marcks,* a.a.O., S. 53.
38 *Marcks,* a.a.O., S. 54.

blick auf die Einweisung und Überwachung seiner ermächtigten Mitarbeiter zu tun. „Der Prüfer hat zu beurteilen, ob die getroffenen Vorkehrungen — zum Beispiel mündlichen oder schriftlichen Dienstanweisungen, Verpflichtungserklärungen — ausreichend sind, und dies in seinem Bericht festzuhalten"[39].

Das Prüfungsprogramm verlangt in diesem Zusammenhang zunächst die namentliche Aufführung von Personen, die

— entweder ermächtigt sind, Vermögenswerte von Auftraggebern „entgegenzunehmen"

— oder ermächtigt sind, Auftraggebermittel zu „verwenden".

Der Hinweis auf die „Verkaufsmaßnahme" an dieser Stelle führt erforderlichenfalls zu vertiefenden Prüfungshandlungen im Rahmen der Prüfung der verkaufsmaßnahmenbezogenen Vorschriften der §§ 3 und 4 MaBV. Dies dürfte immer dann angezeigt sein, wenn der Eindruck entsteht, daß das Hilfspersonal nicht ausreichend über diese Bestimmungen unterrichtet wurde und/oder die Einhaltung dieser Bestimmungen nicht durch geeignete organisatorische Vorkehrungen — insbesondere ein entsprechendes internes Kontrollsystem — gesichert ist.

cb) § 8 MaBV — Rechnungslegung

Bei der Prüfung von Bauträgern dürfte die Prüfung der Einhaltung der Rechnungslegungsbestimmungen des § 8 MaBV von untergeordneter Bedeutung sein. In der Regel werden in der Praxis Festpreise vereinbart. Ob dies tatsächlich so ist, wird im einzelnen bei den in die Stichprobe einbezogenen Verkaufsmaßnahmen in Abschnitt D, Ziff. 12, festgestellt. In diesem Abschnitt wird die Frage ganz generell gestellt, nämlich ob „ausschließlich" Verträge mit Festpreisvereinbarung verwendet werden. In diesen Fällen entfällt gem. § 8 Abs. 2 MaBV die Verpflichtung zur Abrechnung i. S. d. Absatzes 1. Sie entfällt im übrigen auch, „soweit der Auftraggeber nach Beendigung des Auftrages dem Gewerbetreibenden gegenüber schriftlich darauf verzichtet" (§ 8 Abs. 2 Satz 1 MaBV). „Durch das Wort ‚soweit' kommt zum Ausdruck, daß auch ein Teilverzicht möglich ist, z. B. bei der Erstellung eines Gebäudes bzgl. der Rechnungslegung für bestimmte Bauabschnitte, Handwerkerleistungen und

39 WFA 1/1978, a.a.O., S. 80.

dgl.“[40]. Soweit nach § 8 MaBV Abrechnungen erforderlich sind, „hat der Prüfer sich durch Einsichtnahme in die Abrechnungen davon zu überzeugen, daß diese § 259 BGB genügen“[41]. In diesem Zusammenhang weist WFA 1/1978 ausdrücklich darauf hin, daß, sofern die Abrechnungen in offensichtlichem Widerspruch zu Prüfungsfeststellungen stehen, die im Zusammenhang mit den §§ 3 und 4 MaBV gemacht wurden, darüber zu berichten ist[41].

cc) § 9 MaBV — Anzeigepflicht

Die aufgrund dieser Vorschrift zu erstattenden Anzeigen sollen der zuständigen Behörde (z. B. Gewerbeaufsichtsamt) Kenntnis von Personalveränderungen im Gewerbebetrieb nach Erteilung der Erlaubnis verschaffen, „die sich möglicherweise auf den Bestand der Erlaubnis auswirken können“[42].

Anzuzeigen sind die jeweils mit der Leitung des Betriebes oder einer Zweigniederlassung beauftragten Personen. Es handelt sich hierbei um diejenigen Personen, die aufgrund ihrer Stellung im Betrieb, insbesondere aufgrund des Anstellungsvertrages, den Betrieb tatsächlich leiten[43].

Die Vertretungsberechtigten einer juristischen Person sind immer anzuzeigen, auch wenn sie keine Betriebsleitungsfunktionen wahrnehmen, da „die Unzuverlässigkeit des gesetzlichen Vertreters einer juristischen Person dieser direkt zuzurechnen ist“[44].

Die Unterrichtung hat „unverzüglich“ zu erfolgen und entsprechend § 9 Satz 3 MaBV die in Frage 2 des Prüfungsprogrammes aufgeführten Daten zu enthalten.

Der Prüfer hat Einsicht in die Kopien der Anzeigen an die Behörde zu nehmen[45].

40 Allgemeine Verwaltungsvorschrift zum § 34 c der Gewerbeordnung und zur Makler- und Bauträgerverordnung (Vwv § 34 c GewO), z. B. Bekanntmachung d. Bayerischen Staatsministeriums für Wirtschaft und Verkehr vom 26. 1. 1976 Nr. 4030 f. — IV/5a — 0858, S. 34.
41 Vgl. WFA 1/1978, a.a.O., S. 80.
42 *Marcks,* a.a.O., S. 62.
43 So: *Landmann/Rohmer,* Gewerbeordnung und ergänzende Vorschriften, Bd. I, Verlag C. H. Beck, § 35, Rdnr. 67, S. 49.
44 *Landmann/Rohmer,* a.a.O., Rdnr. 67, S. 48.
45 WFA 1/1978, S. 80.

cd) § 13 MaBV — Inseratensammlung

Die Aufbewahrung sämtlicher Veröffentlichungen und Werbeschriften soll es der Aufsichtsbehörde mit ermöglichen, die Zuverlässigkeit des Gewerbetreibenden zu prüfen. „Sämtliche" Veröffentlichungen sind aufzubewahren, in denen der *Gewerbetreibende* Tätigkeiten ankündigt, die den Vorschriften dieser Verordnung unterliegen. Dies bedeutet, daß der Prüfer insbesondere die Vollständigkeit der „Inseratensammlung" beurteilen muß. Gemäß WFA 1/1978 empfiehlt es sich, in diesem Zusammenhang „die Aufwandskonten des Unternehmens heranzuziehen, auf denen Werbeaufwand und Drucksachen verbucht sind und anhand der dazugehörigen Rechnungen zu prüfen, ob es sich um aufzubewahrende Inserate und Prospekte handelt"[46].

Anstelle der Inserate können gem. § 13 Abs. 1 Satz 4 MaBV auch „die Kopien der Anzeigenaufträge und die Rechnungen oder die Kopien der Rechnungen des Verlagsunternehmens, aus denen die Bezeichnung der Druckschrift und der Tag des Erscheinens ersichtlich sein müssen", verwahrt werden. Bei Fernseh- und Rundfunkwerbung genügt gem. Abs. 2 ein Vermerk in der Inseratensammlung über den Inhalt der Werbeveröffentlichung und über den Tag des Erscheinens.

ce) § 14 MaBV — Aufbewahrung

Von der Aufbewahrungspflicht erfaßt werden neben der o. g. Inseratensammlung sämtliche Aufzeichnungen nach § 10 MaBV. Die Aufbewahrungsfrist von fünf Jahren in den Geschäftsräumen des Gewerbetreibenden beginnt bzgl. der Inseratensammlung „mit dem Schluß des Kalenderjahres, in dem die letzte Veröffentlichung oder Werbung stattgefunden hat". Hinsichtlich der Daten, die nach § 10 MaBV aufzuzeichnen sind, beginnt die Aufbewahrungsfrist „mit dem Schluß des Kalenderjahres, in dem der letzte aufzeichnungspflichtige Vorgang für den jeweiligen Auftrag angefallen ist".

„Die Prüfung der Erfüllung der Aufbewahrungsfrist erfolgt durch stichprobenweise Einsichtnahme in die aufzubewahrenden Unterlagen"[46].

46 WFA 1/1978, a.a.O., S. 80.

2. *Prüfungshandlungen zur Prüfung der verkaufsmaßnahmenbezogenen Vorschriften*

a) § 3 MaBV — Besondere Sicherungspflichten für Bauträger (Abschnitt D)

§ 3 MaBV wird zu Recht als das Kernstück der MaBV bezeichnet[47], denn diese Vorschrift regelt die Voraussetzungen für die Hereinnahme von Vermögenswerten des Erwerbers sowie die an dem Grundsatz der Verhältnismäßigkeit von Leistung und Gegenleistung orientierte Fälligkeit der Kaufpreisraten.

Bauträger, die dem Auftraggeber Eigentum an einem Grundstück übertragen oder ein Erbbaurecht bestellen oder übertragen sollen, brauchen im Hinblick auf Schadensersatzansprüche des Auftraggebers wegen etwaiger von dem Gewerbetreibenden und den Personen, die er zur Verwendung der Vermögenswerte ermächtigt hat, vorsätzlich begangener unerlaubter Handlungen, die sich gegen die zur Ausführung des Auftrages hereingenommenen Vermögenswerte richten, gemäß § 2 Abs. 1 2. Halbsatz MaBV für die Vermögenswerte des Auftraggebers keine Sicherheit leisten oder eine zu diesem Zwecke geeignete Versicherung abzuschließen. „Dies ist gerechtfertigt, weil § 3 der Makler- und Bauträgerverordnung besondere Sicherungspflichten für Bauträger einführt, die den Schutz des Auftraggebers vor Beeinträchtigung seiner Vermögenswerte hinreichend gewährleisten“[48].

Die erforderlichen „Feststellungen zur rechtlichen Abwicklung der einzelnen Vertragsobjekte“[49] werden in unserem Programm in Abschnitt D Nr. 1—11 festgehalten, während Nr. 12—15 Feststellungen hinsichtlich der Bautenstände und Zahlungseingänge sowie die Abstimmung der Daten im Hinblick auf § 3 Absätze 1 und 2 MaBV enthalten.

Mit Abschnitt D beginnen die verkaufsmaßnahmenbezogenen Prüfungshandlungen. Diese Programmteile sind für jede zu prüfende Maßnahme jeweils gesondert zu verwenden.

Es ist denkbar, daß der Prüfer die einmal festgelegte Stichprobe bei nachfolgenden Prüfungen beibehält oder der Umfang einer Verkaufsmaßnahme eine lückenlose Prüfung erlaubt. Da die hier zu prüfenden Sachverhalte dann re-

47 Vgl. auch Merkblatt für die Gestaltung von Verträgen mit Bauträgern vom 1. 3. 1981, herausgegeben von der Landesnotarkammer Bayern, München.
48 *Hofbauer,* MaBV, a.a.O., S. 86.
49 WFA 1/1978, a.a.O., S. 78 f.

gelmäßig eine Datenfortschreibung über mehrere Prüfungszeiträume hinweg erfordern, dürfte es zweckmäßig sein, diesen Programmabschnitt als Dauerarbeitspapier zu verwenden. Es bietet sich an, daß der Prüfer aus Gründen der Zeitersparnis vor allem die Vertragsdaten bereits bei der erstmaligen Befassung mit dem Vertragsverhältnis vollständig in den Programmbogen einträgt. Bei der Prüfung der tatsächlichen Mittelhereinnahme in späteren Prüfungszeiträumen kann dann z. B. zur Feststellung der Höhe der vertragsmäßigen Rate die erneute Einsichtnahme in die Verträge entfallen.

aa) § 3 Abs. 1 MaBV — Rechtliche Voraussetzungen für die Hereinnahme von Auftraggebermitteln

Um den Auftraggeber davor zu schützen, Vermögenswerte in Vorhaben zu investieren, die möglicherweise nicht verwirklicht werden können, ist der Einsatz von Auftraggebermitteln erst nach Erteilung der *Baugenehmigung* gestattet. Wird im notariellen Kaufvertrag auf die erteilte Baugenehmigung verwiesen, so kann bei der Bearbeitung des Prüfbogens in der Zeile ,,Datum" pauschal auf den Vertrag verwiesen werden, zumal der Zeitpunkt des Vertragsabschlusses in Frage 2 erfaßt wird.

In der Praxis wird häufig vereinbart, daß der beurkundende Notar dem Käufer das Vorliegen *sämtlicher* Fälligkeitsvoraussetzungen des § 3 Abs. 1 MaBV schriftlich bestätigt. In diesem Falle sind dann — abgesehen von der Durchsicht der Verträge im Hinblick auf § 12 MaBV — eigene ins Detail gehende Erhebungen des Prüfers entbehrlich[50]. Eine solche Vorgehensweise legt die Frage 3 zugrunde, die in Kombination mit dem Datum zu Frage 1 zum Abschluß dieses Teilabschnittes des Prüfungsprogramms in Frage 11 führt.

In allen anderen Fällen führt uns die Prüfung in Ziffer 4 zu Fragen der *Rechtswirksamkeit des Vertrages*. Die Einhaltung der nach § 313 BGB vorgeschriebenen Form der notariellen Beurkundung als grundlegende Wirksamkeitsvoraussetzung wurde indirekt bereits mit Frage 2 geprüft. Zu beachten ist, daß auch ein beurkundeter Vorvertrag bürgerlich-rechtlich nicht zum Abschluß eines Grundstücksgeschäftes genügt. Darüber hinaus bedarf es einer schriftlichen Mitteilung des Notars, in der das Vorliegen aller — für die Wirksamkeit

50 Die Eigenverantwortlichkeit des Prüfers (§ 44 WPO) verlangt, daß er sich sein Urteil selbst bildet und seine Entscheidungen selbst trifft. Entsprechend den in den Grundsätzen ordnungsmäßiger Durchführung von Abschlußprüfungen — FG 1/1977 — enthaltenen Hinweisen wird der ,,MaBV-Prüfer" die Notarbestätigungen verwenden können.

des Vertrages selbst, aber auch für den Vertragsvollzug[51] — erforderlichen, öffentlich- und privatrechtlichen Genehmigungen (z. B. GrdstVG, Vormundschaftsgericht) bestätigt wird. Eine telefonische Mitteilung des Notars reicht nach dem Wortlaut der Verordnung nicht aus. Auf die geringe materielle Bedeutung eines solchen Verstoßes kann im Prüfungsbericht hingewiesen werden[52].

,,Sind im Einzelfall Genehmigungen i. S. d. § 3 Abs. 1 Ziff. 1 MaBV nicht erforderlich, so hat sich der Prüfer hiervon zu überzeugen (ggf. durch Rückfrage bei dem Notar). Eine entsprechende schriftliche Bestätigung des Notars ist nicht erforderlich''[52]. Die Dokumentation dieser Prüfungshandlungen kann durch einen entsprechenden Vermerk ebenfalls in der Datumszeile vorgenommen werden.

Das Verbot der Vereinbarung vertraglicher *Rücktrittsrechte* berührt nicht die Aufnahme der gesetzlichen Rücktrittsrechte in den Vertrag und die Ausgestaltung der Rechtsfolgen (Frage 5). Unzulässig sind dagegen z. B. Vereinbarungen, die dem Bauträger ein Rücktrittsrecht durch einseitige Erklärung innerhalb einer bestimmten Frist einräumen oder ihm entgegen § 326 Abs. 1 BGB einen Rücktritt bereits bei Eintritt eines Verzuges (z. B. nicht termingerechte Ratenzahlung), also ohne daß die Voraussetzungen des § 326 Abs. 1 Satz 1 BGB — Verzugseintritt, zweite Mahnung mit Fristsetzung und Ablehnungsandrohung — vorliegen, zugestehen.

Grundsätzlich muß gem. § 3 Abs. 1 Nr. 2 MaBV ,,das zentrale Sicherungsmittel des Käufers, die *Auflassungsvormerkung*'',[53] an der vereinbarten Rangstelle im Grundbuch eingetragen sein. Der Vollzug der Eintragung ist durch einen Grundbuchauszug oder eine Mitteilung des Notars nachweisbar.

Da zwischen Beantragung und Eintragung der Vormerkung häufig ein längerer Zeitraum liegt, der zu einer entsprechend langen Vorfinanzierung des Vertragsobjektes durch den Bauträger führt, kann es zu einer dem Gewerbetreibenden nicht mehr zumutbaren Verteuerung des Vertragsobjektes kommen. Für diesen Fall ist die *Alternativlösung* des § 3 Abs. 1 Nr. 2 MaBV gedacht, nach der es genügt, wenn ,,die Eintragung unwiderruflich bewilligt und vom

51 Abweichend vom Wortlaut der Verordnung wird man auch die Erfüllung hierfür notwendiger Vorbedingungen (z. B. Genehmigung nach § 19 BBauG, Abgeschlossenheitsbescheinigung nach WEG) für erforderlich erachten müssen.

52 Vgl. WFA 2/1982, a.a.O., S. 668.

53 Merkblatt für die Gestaltung . . ., a.a.O., Abschnitt V, Nr. 1.

Auftraggeber beantragt worden ist". In diesem Fall dürfen dem Grundbuchamt keine unerledigten Eintragungsanträge vorliegen, die den Anspruch des Auftraggebers beeinträchtigen. „Sofern die Beteiligten Gewißheit darüber — z. B. durch eine Bestätigung des Notars — nicht erhalten können, muß auf die eingetragene Auflassungsvormerkung abgestellt werden."[54]

Zur Finanzierung sowohl des Grundstücks als auch der Baukosten verwenden Bauträger regelmäßig Fremdkapital. Die Sicherung der Kredite erfolgt, sofern nicht andere Sicherheiten, z. B. Anlagevermögen, zur Verfügung stehen, häufig durch die Eintragung von Grundpfandrechten auf das zu veräußernde Grundstück. Globalgrundpfandrechte gehen der Auflassungsvormerkung im Range vor, ein anderes Grundpfandrecht steht ihr gleich, wenn es am selben Tag wie die Auflassungsvormerkung ohne besonderen Vermerk über die Rangfolge im Grundbuch eingetragen wird, vgl. § 879 BGB. Will der Erwerber diese Belastungen in Anrechnung auf den Kaufpreis nicht übernehmen, ist seine *Freistellung* von den genannten Belastungen erforderlich. In den dafür notwendigen schuldrechtlichen Erklärungen der Grundpfandrechtsgläubigerin muß sich diese verpflichten, unverzüglich nach Zahlung der Vertragssumme durch den Auftraggeber, die Grundschulden im Grundbuch zu löschen. Die Freistellung muß auch für den Fall gesichert sein, daß das Bauvorhaben nicht vollendet wird (sogenannte große oder qualifizierte Freistellungsverpflichtung). In diesem Fall kann der Kreditgeber wählen, ob er das Objekt freistellen oder die Anzahlungen des Auftraggebers „bis zum anteiligen Wert des Vertragsobjekts"[55] an diesen zurückgeben will, wenn er sich dies in der Verpflichtungserklärung zur Freistellung vorbehält.

Die Freistellungsverpflichtung sichert den Käufer also nicht gegen das Fertigstellungsrisiko, sondern nur gegen die Inanspruchnahme aus nicht übernommenen Belastungen des erworbenen Grundstücks.

Nimmt der Prüfer Kopien der Freistellungserklärungen zu den Arbeitspapieren, so vereinfacht er sich die erforderliche Dokumentation in diesem recht komplizierten Teilbereich.

Der notarielle Kaufvertrag muß aus Schutzgründen eine *Bezugnahme* auf die vorliegenden Erklärungen oder einen *ausdrücklichen Hinweis* auf die Ver-

54 Vwv § 34 c GewO, a.a.O., S. 31.

55 Es würde den Rahmen dieser Programmeinführung sprengen, auf die in diesem Zusammenhang sich ergebenden Probleme näher einzugehen.

pflichtung des Gewerbetreibenden zur Aushändigung der Erklärungen und deren notwendigen Inhalt enthalten. Die Verordnung fordert in jedem Fall die *Aushändigung der Originale der Erklärungen* an den Auftraggeber, denn für das Vorliegen der Voraussetzungen seines Anspruchs auf Freistellung trägt der Gläubiger (Käufer) die Beweislast. Eine Ablichtung der Urkunde ließe den angestrebten Schutzzweck nicht erreichen, denn eine solche ist keine beweiskräftige Urkunde.

Eine Vertretung des Auftraggebers bei der Entgegennahme der Freistellungserklärung durch einen Notar ist unseres Erachtens unter Berücksichtigung dessen Stellung als Träger eines öffentlichen Amtes trotz der scheinbar eindeutigen Formulierung in § 3 Abs. 1 Satz 4 MaBV zulässig.

Der Nachweis der Aushändigung sollte im Hinblick auf die Bedeutung der Erklärung und somit der hier besprochenen Käuferschutzbestimmung im Kaufvertrag selbst erfolgen oder durch eine Empfangsbestätigung des Auftraggebers erbracht werden[56].

Es bietet es sich an, Auszüge jener Vertragsteile zu kopieren, in denen die Vereinbarungen über die *Übernahme von Grundpfandrechten* die der Auflassungsvormerkung vorgehen oder ihr gleichstehen niedergeschrieben sind, um auch bei der Prüfung der Verrechnung mit fälligen Kaufpreisraten sogleich auf diese Unterlagen zurückgreifen zu können.

Die Frage 11 des Prüfbogens D führt zu einer Zwischenauswertung der ermittelten Daten und ergibt ein Datum, das in die Datenübersicht der Frage 12 zu übertragen ist. Vor dem hier ermittelten Zeitpunkt darf der Bauträger Vermögenswerte des Auftraggebers zur Ausführung des Auftrages nicht entgegennehmen bzw. sich zu deren Verwendung nicht ermächtigen lassen.

ab) § 3 Abs. 2 MaBV — Die termingerechte Mittelhereinnahme in Teilbeträgen

Nach Erfüllung der Voraussetzungen des § 3 Abs. 1 MaBV darf der Bauträger die Vermögenswerte nur nach Baufortschritt und nach einheitlich festgesetzten Höchstsätzen abrufen. Bei dieser Regelung wird der Gewerbetreibende zur

56 Daß in § 10 MaBV keine Dokumentationspflicht über die Aushändigung der Freistellungserklärung gemäß § 3 Abs. 1 Satz 4 MaBV enthalten ist, muß als Regelungslücke bezeichnet werden.

Vorleistung gezwungen, die als Gegenleistung in Vomhundertsätzen der Vertragssumme festgelegten Kaufpreisraten dürfen nur unter-, nicht aber überschritten werden.

Die Reihenfolge der im Programmbogen horizontal aufgeführten Raten entspricht der Verordnung. Es ist aber durchaus möglich, falls die Voraussetzungen gegeben sind, die Schreiner-/Glaserrate vor der Rohinstallations-/Innenputzrate hereinzunehmen[57]. Zur Frage, welche Leistungen erfüllt sein müssen, bis der stichwortartig bezeichnete Bautenstand erreicht ist, bleibt anzumerken:

— Unter *Beginn der Erdarbeiten* ist das Abtragen des Oberbodens (Mutterboden) von allen Auftragsflächen zu verstehen.
— Der *Rohbau* ist fertiggestellt, wenn die tragenden Teile (Wände, Decken, Balkenlagen), Kamine, Brandwände und Dachkonstruktionen fertiggestellt sind. Die Fertigstellung der Dacheindeckung ist nach der baurechtlichen Terminologie (vgl. z. B. Art. 79 Abs. 2 Satz 1 BayBO) nicht erforderlich.
— Die *Fertigstellung des Innenputzes* schließt die sogenannten Beiputzarbeiten nicht mit ein.
— Für die Hereinnahme der bei Fertigstellung der *Schreiner- und Glaserarbeiten* vorgesehenen Kaufpreisrate ist es unschädlich, wenn die Türblätter noch nicht fertig eingebaut sind.
— *Bezugsfertig* ist ein Gebäude oder eine Wohnung dann, wenn der Bau so weit fortgeschritten ist, daß den Bewohnern zugemutet werden kann, das Gebäude oder die Wohnung zu beziehen. Im Normalfall wird dies der Zeitpunkt der Übergabe des Vertragsobjektes an den Käufer sein.
— *Vollständig fertiggestellt* ist ein Gebäude erst dann, wenn alle vertragsmäßig vereinbarten Leistungen erbracht sind, unter anderem auch die Außenanlagen (Zugangswege, Anpflanzungen, Kinderspielplätze) und Garagen erstellt worden sind.

Zur Erreichung der einzelnen Bautenstände kann es nicht darauf ankommen, daß sämtliche erwähnten Arbeiten restlos abgeschlossen sind, es muß vielmehr genügen, daß die wesentlichen Leistungen erbracht sind[58].

57 Vgl. *Hofbauer,* MaBV, a.a.O., S. 89.
58 Vgl. *Hofbauer,* MaBV, a.a.O., S. 89.

Wann die jeweiligen Bautenstände erreicht sind, ist anhand von Rechnungen, Protokollen, Abnahmescheinen, Bautenstandsmeldungen von externen Bauleitern usw. zu prüfen. Welche Unterlage bei der Prüfung zur Feststellung des Erreichens eines bestimmten Bautenstandes herangezogen wurde, ist in der Zeile „Nachweis" zu dokumentieren, im Prüfungsbericht ist zu erläutern, wie der Bautenstand geprüft wurde[59]. Im übrigen verweisen wir auf die Hinweise in Ziffer 13 des hier besprochenen Programmabschnittes. Dort wird u. a. noch einmal deutlich herausgestellt, daß es für den Ratenabruf nicht etwa auf den Bautenstand der gesamten Verkaufsmaßnahme[60], sondern ausschließlich auf den Bautenstand des jeweiligen Vertragsobjektes ankommt.

Zumindest ab Rohbaufertigstellung können die Bautenstände der einzelnen Vertragsobjekte (Eigentumswohnung, Reihenhaus) innerhalb einer Maßnahme (Eigentumswohnanlage, Reihenhauszeile) unterschiedlich fortschreiten. Diese Bautenstände der jeweiligen Vertragsobjekte im nachhinein festzustellen bzw. nachzuprüfen, ist nicht selten dann mit Schwierigkeiten verbunden, wenn die organisatorischen Gegebenheiten des Unternehmens unzureichend sind.

Bei der Durchsicht der Kaufverträge ist darauf zu achten, ob ein Festpreis vereinbart wurde. Diese Angabe dient auch der Prüfung zu § 8 MaBV und wird aus Gründen der Prüfungsökonomie in Abschnitt D festgehalten. Abschnitt C enthält einen entsprechenden Querverweis.

Wir kommen an dieser Stelle zu der Frage, wann der Bauträger zur Ausführung des Auftrages (1) Vermögenswerte (2) entgegennimmt oder sich (3) zu deren Verwendung ermächtigen läßt.

(1) Bei den *Vermögenswerten* wird es sich fast ausschließlich um Geld oder Forderungen gegen Kreditinstitute handeln, Wertpapiere oder Wertgegenstände dürften in der Praxis keine Bedeutung haben.

(2) Der Gewerbetreibende *nimmt Vermögenswerte entgegen,* wenn er daran Eigentum oder Besitz erwirbt, Inhaber einer Forderung wird (z. B. durch Überweisung von Geldern auf sein Konto) oder seine Schuld gegenüber einem Dritten (z. B. Objektfinanzierungsmittel des Bauträgers) durch den Käufer übernommen wird. Gewährt ein Kreditinstitut einem Bauträger einen Kredit

59 Vgl. WFA 1/1982, a.a.O., S. 666.
60 Auch nicht des „Bauvorhabens"! (vgl. Kapitel C, III, 2 c).

zur Finanzierung einer Baumaßnahme, der durch Abtretung der Kaufpreisansprüche gesichert wird und verwendet die Bank die eingehenden Raten zur Rückführung des Kredites, so liegt ebenfalls eine Entgegennahme von Auftraggebermitteln vor[61].

(3) Der Gewerbetreibende wird zur *Verwendung von Vermögenswerten ermächtigt,* wenn ihm eine Verfügungsbefugnis darüber eingeräumt wird, ohne Eigentümer oder Besitzer bzw. Gläubiger einer Forderung zu werden. Hierunter ist auch jenes Verfahren einzustufen, bei dem der Erwerber nach den vertraglichen Vereinbarungen bei einer Bank ein auf seinen Namen lautendes Konto einzurichten hat, auf das er seine Finanzierungsmittel überweist, von dem der Gewerbetreibende aber, sofern die sachlichen Voraussetzungen für die Fälligkeit der Kaufpreisteile (z. B. ein bestimmter Bautenstand) erfüllt sind, ohne weiteres Zutun des Kontoinhabers zu dessen Lasten Mittel abbuchen kann.

Der Bauträger nimmt also Mittel zu jenem Zeitpunkt herein, zu dem er über diese im *eigenen Namen für eigene oder fremde Rechnung verfügen* kann. Für die in praxi häufigsten Fälle ist dies der Eingang der Zahlungsmittel auf dem Konto des Gewerbetreibenden bzw. der Auftrag zur Abbuchung vom Bankkonto des Erwerbers, der aber einen Nachweis, zumindest die ausdrückliche Behauptung hinsichtlich des Vorliegens der entsprechenden Fälligkeitsvoraussetzungen enthalten muß.

Nachdem alle Angaben in den Prüfbogen eingetragen sind, kann durch *Vergleich der Daten* der Mittelhereinnahme mit den Daten des einzelnen Vertragsgegenstandes geprüft werden, ob die besonderen Sicherungspflichten des § 3 Absätze 1 und 2 MaBV erfüllt sind. Die Prüfung des *vertraglichen Zahlungsplans* erfolgt im Hinblick auf § 12 MaBV (vgl. Abschnitt I) und wird aus prüfungstechnischen Gründen an dieser Stelle durchgeführt.

Unter einem „falschen“ Zahlungsplan verstehen wir Vereinbarungen, die hinsichtlich der Fälligkeitsvoraussetzungen sachlich, zeitlich oder dem Betrage nach nicht der MaBV entsprechen. Sachlich richtig heißt, daß die Schutzbestimmungen des § 3 Abs. 1 MaBV sowie die inhaltliche Abgrenzung der Kaufpreisraten gem. § 3 Abs. 2 MaBV im Kaufvertrag vereinbart werden. Die Fälligkeit von Kaufpreisteilen darf vertraglich frühestens zu jenem Zeitpunkt ver-

61 Gleichzeitig gelten die Mittel aber auch schon als „verwendet“ i. S. d. § 4 MaBV.

einbart werden, zu dem § 3 Abs. 1 MaBV erfüllt ist und die Bautenstände gem. § 3 Abs. 2 MaBV erreicht sind. Schließlich darf die Höhe der Kaufpreisraten nicht über den Prozentsätzen des § 3 Abs. 2 MaBV liegen.

Die Mittelhereinnahme ist als „falsch" einzustufen, wenn die Hereinnahme von Vermögenswerten (vgl. oben) vor Erfüllung der Voraussetzungen gem. § 3 Absätze 1 und 2 MaBV oder zu höheren Beträgen als nach § 3 Abs. 2 MaBV zulässig, erfolgt. Abbuchungsvollmachten, bei denen die Abbuchung nicht von dem Vorliegen der für die Fälligkeit der Kaufpreisraten erforderlichen Voraussetzungen abhängig gemacht wird, stellen bereits im Zeitpunkt ihrer Erteilung eine Verwendungsermächtigung dar und dürften daher nur in Ausnahmefällen (fertiggestelltes Objekt und Vollmachtserteilung nach Erfüllung von § 3 Abs. 1 MaBV) nicht gegen die §§ 3 und 12 MaBV verstoßen.

Werden Kaufpreisraten vorzeitig oder in unzulässiger Höhe angefordert, erfolgt die tatsächliche Entgegennahme bzw. die Erteilung der Verwendungsermächtigung — gleichgültig aus welchen Gründen — jedoch entsprechend den Voraussetzungen des § 3 Absätze 1 und 2 MaBV, so liegt ein Verstoß gegen § 3 MaBV nicht vor[62].

Werden bei der Prüfung falsche Zahlungseingänge in gehäufter Form festgestellt und liegt die Ursache hierfür im Ratenabrufsystem begründet, so ist dies (vgl. Frage 15) festzuhalten und die Systemschwäche zu beschreiben. Die Feststellungen sind zu kritischen Anmerkungen im Prüfungsbericht auszuwerten[63].

Die *Prüfmatrix* in Ziffer 14 verweist in jenen Fällen, in denen Zahlungen des Auftraggebers nicht im Rahmen der Schutzvorschriften des § 3 Absätze 1 *und* 2 MaBV hereingenommen wurden, auf die dann erforderliche Prüfung nach § 6 MaBV, die ebenfalls in Abschnitt D vorgenommen wird.

b) § 6 MaBV — Getrennte Vermögensverwaltung (Abschnitt D)

§ 6 MaBV bestimmt, daß der Gewerbetreibende Vermögenswerte des Auftrag-

62 So jedenfalls WFA 1/1978. Die Stellungnahme stellt bei der Beschreibung der Prüfungsschritte zu § 3 lediglich auf den Zahlungseingang (a.a.O., S 79), nicht auf das „Anfordern" der Raten ab. Zweifel an dieser Interpretation der Verordnung ergeben sich u. E. schon im Hinblick auf Sinn u. Zweck der MaBV als Verbraucherschutzbestimmung.

63 Vgl. auch WFA 1/1982, a.a.O., S. 666.

gebers, die er zur Ausführung des Auftrages erhalten hat, von seinem Vermögen und dem seiner sonstigen Auftraggeber getrennt zu „verwalten" hat.

Gegenüber den §§ 2 und 4 MaBV nimmt § 6 MaBV eine Hilfsfunktion ein, gilt allerdings nur für diejenigen gem. § 34 c GewO hinsichtlich ihrer Tätigkeit erlaubnispflichtigen Gewerbetreibenden generell, die nicht Bauträger sind. Für Bauträger gilt, daß eine getrennte Vermögensverwaltung nur für solche Zahlungen erforderlich ist, die nicht vertragsgemäß im Rahmen des § 3 Abs. 2 MaBV in Verbindung mit § 3 Abs. 1 MaBV geleistet werden. Eine getrennte Vermögensverwaltung ist hiernach für Bauträger auch dann nicht erforderlich, wenn die geleisteten Zahlungen die Leistungen des Bauträgers wertmäßig übersteigen, sofern sie nur ratengerecht im Rahmen des § 3 MaBV hereingenommen werden. Die Mittelverwendungsbestimmung des § 4 Abs. 1 Nr. 2 MaBV bleibt davon allerdings unberührt.

Durch die Bestimmung der getrennten Vermögensverwaltung des § 6 MaBV werden nach den Intentionen des Verordnungsgebers drei Zwecke verfolgt[64]:

— „Der Gewerbetreibende wird durch die getrennte Vermögensverwaltung zur Beachtung der in § 4 angeordneten Verwendungsbeschränkungen angehalten;
— der zuständigen Behörde wird bei einer Betriebsprüfung die Kontrolle über den Verbleib der Gelder ermöglicht;
— zudem wird der Auftraggeber vor Verlusten aufgrund einer Einzelzwangsvollstreckung von Gläubigern des Gewerbetreibenden, aufgrund des Konkurses oder Vergleichs des Gewerbetreibenden geschützt."

Marcks charakterisiert das Sonderkonto gemäß § 6 MaBV wie folgt:

„Durch die Einzahlung der Gelder des Auftraggebers auf das Sonderkonto des Gewerbetreibenden wird dieser zwar rechtlicher Eigentümer der Forderung gegen das Kreditinstitut. Wirtschaftlicher Eigentümer bleibt jedoch der Auftraggeber, bis der Gewerbetreibende gem. § 4 zur Verwendung der Gelder befugt ist. Ihm steht ein Aussonderungsrecht nach § 43 KO zu. Ferner kann er die Drittwiderspruchsklage nach § 771 ZPO erheben, wenn Gläubiger des Gewerbetreibenden dessen Forderungen gegen das Kreditinstitut pfänden sollten."[65]

64 Vwv § 34 c GewO, a.a.O., S. 33.
65 *Marcks,* a.a.O., S. 55.

Gleichwohl ist nicht eindeutig, wie dieses Konto rechtlich und wirtschaftlich zu beurteilen ist. Es dürfte jedoch der Meinung Vorrang einzuräumen sein, die diesen Konten Treuhandcharakter zumißt[66]. Sie sind demgemäß beim Gewerbetreibenden auch nicht bilanzierbar, obwohl er tatsächlich jederzeit in der Lage ist, über das Konto zu verfügen.

Ob die Voraussetzungen des § 6 MaBV in bezug auf die Ausgestaltung des Sonderkontos gegeben sind, ist dadurch zu prüfen, daß die mit den Kreditinstituten abgeschlossenen Verträge daraufhin untersucht werden, ob sie § 6 Abs. 2 Sätze 2—4 MaBV entsprechen. In dieser Bestimmung sind die Anforderungen an das Sonderkonto im einzelnen aufgeführt.

Der Gewerbetreibende *darf* über die Konten verfügen, wenn die Voraussetzungen des § 3 MaBV erfüllt sind, indem er sie dann i. S. d. § 4 MaBV für das Bauvorhaben verwendet.

Gegen den Wortlaut des § 6 Abs. 2 Satz 1 MaBV („Der Gewerbetreibende hat die Gelder . . . auf diesem Konto bis zur Verwendung im Sinne des § 4 zu belassen“) vertreten wir die Auffassung, daß der Bauträger schon bei Vorliegen sämtlicher Voraussetzungen des § 3 MaBV und nicht erst bei unmittelbarer Verwendung für das Bauvorhaben i. S. d. § 4 MaBV insofern über das Sonderkonto verfügen darf, als er die Gelder auf eigene Bankkonten übertragen und sie dort bis zu deren bauvorhabengerechten Verwendung belassen kann. Jede andere Auslegung dieser Bestimmung würde der Systematik der §§ 3, 4 und 6 MaBV nicht gerecht und den Sinn der „besonderen Sicherungspflichten für Bauträger“ ignorieren (vgl. auch Kapitel C III, 2 d). Sie wäre im übrigen auch mit wirtschaftlichen Nachteilen (Zinseffekt!) für die Gewerbetreibenden verbunden.

c) § 4 MaBV — Verwendung von Vermögenswerten (Abschnitt E)

Ebenso wie alle anderen der Verordnung unterliegenden Gewerbetreibenden verpflichtet § 4 MaBV auch die Bauträger, die von ihrem Auftraggeber erhaltenen Vermögenswerte nur zur Erfüllung des damit verbundenen Auftrags zu verwenden. „Hierdurch soll das sog. Schneeballsystem unterbunden werden, das . . . zu erheblichen Schädigungen Bauwilliger geführt hat.“[67]

66 Vgl. hierzu *Canaris,* Großkommentar HGB, 3. Auflage, Band III/3 (Bankvertragsrecht 2. Bearbeitg.) 1981, Rdnr. 247, S. 124.
67 Vwv § 34 c GewO, a.a.O., S. 32.

Der Bauträger darf Vermögenswerte des Auftraggebers, die er erhalten hat oder zu deren Verwendung er ermächtigt worden ist, nur zur Vorbereitung und Durchführung des Bauvorhabens, auf das sich der Auftrag bezieht, verwenden (§ 4 Abs. 1 Nr. 2 MaBV).

Von zentraler Bedeutung ist in diesem Zusammenhang der Begriff *„Bauvorhaben"*. „Als Bauvorhaben gilt das einzelne Gebäude, bei Einfamilienreihenhäusern die einzelne Reihe."

„Zu den einzelnen Gebäuden gehören Ein- und Mehrfamilienhäuser sowie sonstige Bauten über sämtliche denkbare Zwischenstufen hinweg bis zum Hochhaus mit Eigentumswohnungen . . . Kein Bauvorhaben in diesem Sinne sind demnach mehrere freistehende Gebäude und Zwei- und Mehrfamilienreihenhäuser, wobei es nicht darauf ankommt, ob sie auf einem Grundstück oder benachbarten Grundstücken erstellt werden, ob für sie eine einheitliche Bauplanung, Finanzierung oder Baudurchführung vorgesehen ist oder nicht. Vermögenswerte der Auftraggeber dürfen daher nur dem Gebäude zugute kommen, daß die für sie vorgesehene Wohnung enthalten wird. Bei Zwei- und Mehrfamilienreihenhäusern bedeutet dies also, daß die Vermögenswerte nur in das jeweilige Zwei- bzw. Mehrfamilienhaus fließen dürfen und nicht etwa in die restlichen Häuser der Reihe."[67]

Der Begriff *„Gebäude"* ist baurechtlich zu verstehen (vgl. z. B. Art. 2 BayBO). Besondere Bedeutung kommt hierbei dem Kriterium der „selbständigen Benutzbarkeit" zu. Eine Anlage ist nur dann als „Gebäude" anzusehen, wenn sie alle gesetzlichen Anforderungen erfüllt, z. B. die vorgeschriebenen Treppen und Treppenräume, Brandwände usw. hat.

Von dem Grundsatz, daß als Bauvorhaben das einzelne Gebäude gilt — ob Hochhaus, Mehrfamilien(reihen)haus, Zweifamilien(reihen)haus oder Einfamilienhaus — wird nur bei Einfamilienreihenhäusern abgewichen. Obwohl sie baurechtlich mehrere Gebäude darstellen, dürfen sie für Zwecke der Mittelverwendung nach § 4 MaBV „reihenweise" zu „Bauvorhaben" zusammengefaßt werden.

Ein Blick in den Lageplan der zu prüfenden Verkaufsmaßnahme ermöglicht es dem Prüfer am besten, festzustellen, in wieviele Bauvorhaben i. S. d. MaBV sich das Objekt unterteilt.

67 Vwv § 34 c GewO, a.a.O., S. 32.

Sind die Zahlungsströme des Unternehmens und insbesondere auch die Ausgaben getrennt nach „Bauvorhaben" i. S. d. § 4 MaBV aufgezeichnet, ergeben sich in der Regel keine Schwierigkeiten, die ordnungsmäßige Mittelverwendung von Auftraggebern zu prüfen. Fast unüberwindliche Schwierigkeiten entstehen allerdings dann, wenn derartige Aufzeichnungen nicht vorhanden sind.

Während sich hinsichtlich der Erfassung der *Einnahmen* pro Auftraggeber und damit pro Bauvorhaben in der Praxis aufgrund regelmäßig vorhandener Debitorenkontokorrentkonten keine Zuordnungsschwierigkeiten ergeben, existieren Aufzeichnungen für Baukosten in der Regel lediglich buchhalterisch zusammengefaßt für eine „Baumaßnahme", „Verkaufsmaßnahme" bzw. ein „Baulos". Dabei werden derartige Objektabgrenzungen vom Gewerbetreibenden nach Praktikabilitäts-Gesichtspunkten und deshalb in aller Regel nicht in Übereinstimmung mit dem Bauvorhabenbegriff der MaBV vorgenommen. Um die Mittelverwendung bei Bauträgermaßnahmen prüfen zu können, wäre es jedoch notwendig, *Ausgaben* (nicht Kosten!) getrennt nach „Bauvorhaben" aufzuzeichnen. Eine entsprechende Vorschrift enthält die Makler- und Bauträgerverordnung allerdings nicht[68].

Werden die Einnahmen und die aus den verbuchten Kosten abzuleitenden Ausgaben nicht pro Bauvorhaben, sondern entsprechend der betriebsindividuellen Objektaufteilung aufgezeichnet, so führt deren Gegenüberstellung — und darauf weist das Prüfungsprogramm in Ziff. 3 ausdrücklich hin — nur dann zu einer verwendbaren Aussage im Hinblick auf die korrekte Mittelverwendung, wenn folgende drei Voraussetzungen erfüllt sind:

a) Sämtliche „Bauvorhaben" innerhalb einer Verkaufsmaßnahme haben einen in etwa gleichen Bautenstand,
b) alle Einheiten der Verkaufsmaßnahme sind verkauft,

68 Diese Vorschrift zu fordern, wäre geradezu praxisfeindlich. Praxisfremd erscheint es uns aber auch, wenn behauptet wird, daß die Gewerbetreibenden trotz der Mittelverwendungsbestimmungen der MaBV „auch weiter großräumig planen und bauen und Bauleistungen vergeben (können), die mehrere Bauvorhaben i. S. d. § 4 umfassen. Lediglich bei der Begleichung der Rechnungen sind sie . . . eingeengt. Daraus folgt aber auch, daß die Bauhandwerker Rechnungen über die für den gesamten Komplex durchgeführten Arbeiten ausstellen können und nicht etwa vom Bauträger . . . anzuhalten sind, die Leistungen für jedes einzelne Bauvorhaben in separater Rechnung aufzuschlüsseln. Diese Gesamtrechnungen können dann vom Bauträger . . . auf die einzelnen Bauvorhaben entsprechend den für sie erbrachten Leistungen aufgeteilt werden", *Marcks,* a.a.O., S. 50.

c) für alle Vertragsobjekte erfolgt die Mittelhereinnahme auch in tatsächlicher Hinsicht entsprechend § 3 Abs. 2 MaBV, d. h. entsprechend dem Baufortschritt.

Nur wenn sämtliche drei genannten Voraussetzungen erfüllt sind, ist es zulässig, hilfsweise die Aufzeichnungen entsprechend der vom Unternehmen individuell festgelegten Objektabgrenzung auch zur Überprüfung des Mittelverwendungsgebotes des § 4 MaBV heranzuziehen.

Anderenfalls sind *Hilfsrechnungen* zur Ableitung der Ausgaben pro Bauvorhaben aus den pro Verkaufsmaßnahme aufgezeichneten Daten anzustellen. Grundlage für diese Hilfsrechnungen, welche beispielhaft in Programmabschnitt E dargestellt werden, bilden Feststellungen des Prüfers in bezug auf die tatsächlich vorgefundenen Aufzeichnungen und Gegebenheiten, und zwar insbesondere

— ob die abgeschlossenen Werkverträge sich auf die gesamte Verkaufsmaßnahme oder aber auf einzelne Unterabschnitte oder gar auf das „Bauvorhaben" beziehen;
— inwieweit Entsprechendes für fremdfinanzierte Ausgaben gilt;
— ob der Zahlungsverkehr ausschließlich über ein Baubankkonto abgewickelt wird, wobei wiederum zu prüfen ist, inwieweit sich dieses auf das „Bauvorhaben" i. S. d. MaBV bezieht oder auf eine individuell festgelegte Baumaßnahme.

Welche praktischen Schwierigkeiten bei der Prüfung des Mittelverwendungsgebotes der MaBV auftreten, wenn individuelle Objektabgrenzung und „Bauvorhaben" i. S. d. MaBV abweichen, kann man sich beim Studium des im Programm dargestellten Beispieles klarmachen. Der Arbeitsaufwand erscheint nicht mehr zu bewältigen, wenn man berücksichtigt, daß es für erforderlich gehalten wird, die Einhaltung des Mittelverwendungsgebotes „für mehrere vom Prüfer festzulegende Stichtage zu prüfen"[69].

Das Beispiel geht davon aus, daß es sich um drei „Bauvorhaben" i. S. d. MaBV handelt, sämtliche drei Bauvorhaben sind jedoch im Unternehmen zu *einer* Bau- bzw. Verkaufsmaßnahme zusammengefaßt. Entsprechend unterschiedlich sind die sich auf diese Verkaufsmaßnahme beziehenden Konteninhalte in der Buchhaltung.

69 WFA 1/1978, a.a.O., S. 79.

Während ein Grundstücksteil (Bauvorhaben A) auf gesondertem Konto verbucht ist, ist es notwendig, das weitere Grundstück für Zwecke der MaBV aufzuteilen, da es sich auf die Bauvorhaben B und C bezieht.

Sämtlichen Bauvorhaben zuzuordnen sind die gebuchten allgemeinen Baunebenkosten, zu denen beispielsweise auch Planungskosten gehören können.

Äußerst problematisch ist die Aufteilung von für eine Verkaufsmaßnahme geleisteten Abschlagszahlungen auf verschiedene Bauvorhaben, wenn nicht auf den Abschlagsrechnungen selbst schon eine entsprechende Zuordnung erfolgt ist. Dies liegt daran, daß einfach zu findende Schlüssel (abgeleitet z. B. aus dem Verhältnis der qm-Wohnflächen oder dem cbm-umbauten Raum, der Anzahl der Hauseinheiten, der kalkulierten Kosten oder geplanten Verkaufspreise) sehr häufig nicht zu einer sachgerechten Aufteilung der Zahlungen auf die Bauvorhaben führen, da innerhalb der einzelnen Bauvorhaben durchaus unterschiedliche Bautenstände vorhanden sein können, so daß beispielsweise Abschlagszahlungen an den Rohbauunternehmer differenziert gewichtet werden müßten. Das Problem ist in der Praxis nicht ohne technische Assistenz und nur mit beachtlichem Zeitaufwand zu lösen.

Bei der Aufteilung abgerechneter Baukosten entsteht zunächst das Problem, daß für Zwecke der MaBV ja Ausgaben zuzuordnen sind. Dies bedeutet konkret, daß nicht nur die gebuchten Baukosten den verschiedenen Bauvorhaben zuzurechnen sind, sondern auch die entsprechenden Verbindlichkeiten oder anders ausgedrückt, von den gebuchten Baukosten ist nach Aufteilung auf die verschiedenen Bauvorhaben der entsprechende nicht bezahlte Teil abzuziehen. Ein Problem, das sehr häufig praktisch kaum lösbar ist.

Ebenfalls mit erheblichen Schwierigkeiten verbunden ist die Aufteilung der jeweiligen Zwischenkreditstände zu den verschiedenen Prüfungsstichtagen auf die Bauvorhaben. Ihr Abzug von den tatsächlichen Ausgaben ist deshalb erforderlich, um feststellen zu können, ob ,,die Summe der aus Mitteln der Auftraggeber geleisteten Zahlungen, deren Verträge sich auf ein bestimmtes Bauvorhaben gem. § 4 Abs. 1 Nr. 2 MaBV beziehen, nicht höher ist als die Summe der für die Vorbereitung und Durchführung dieses Bauvorhabens insgesamt von dem Unternehmen geleisteten Zahlungen, vermindert um für diese Bauvorhaben in Anspruch genommenen Zwischenkredite‘‘[70].

70 WFA 1/1978, a.a.O., S. 79.

Der Zuordnung der valutierten Zwischenkredite vorgelagert ist die Prüfung, ob der Gewerbetreibende in bezug auf die Objektfremdfinanzierungsmittel entsprechend dem Gesetz zur Sicherung von Bauforderungen[71] gehandelt hat, d. h. ob der Gewerbetreibende nicht auch „objektfremde" Ausgaben über den Zwischenkredit abgewickelt hat. Ist dies der Fall, so sind diese Ausgaben für Zwecke der vorstehend geschilderten Verprobungsrechnung vorher zu eliminieren. Auch die Prüfung dieser Frage ist praktisch äußerst aufwendig.

Der Vergleich der vom Käufer für das Bauvorhaben geleisteten Zahlungen zu den vom Auftraggeber getätigten Ausgaben für das Bauvorhaben beantwortet die Frage nach der Einhaltung der Mittelverwendungsbestimmungen eindeutig, wenn die vertragsgemäß entsprechend § 3 Abs. 2 MaBV geleisteten Käuferzahlungen niedriger sind als die geleisteten Ausgaben. In unserem Beispiel ist dies für die Bauvorhaben A und B unzweifelhaft gegeben. Nicht so eindeutig ist die Frage der Einhaltung der Mittelverwendungsbestimmungen für das Bauvorhaben C zu beantworten. Hier ergibt sich zwar zunächst, daß die für das Bauvorhaben geleisteten Ausgaben niedriger sind, als die erhaltenen Käuferzahlungen. Der Prüfer hat allerdings hier noch folgende Aspekte zu prüfen:

1. Wie verhält sich der Buchwert des unbebauten Grundstücks gegenüber dem Verkehrswert für Grund und Boden?
2. In welcher Höhe sind eigene Ausgaben des Unternehmens in den Ausgaben für das Bauvorhaben enthalten, und inwieweit sind Finanzierungskosten berücksichtigt?
3. Sind die hereingenommenen Käuferzahlungen entsprechend § 3 MaBV dem Unternehmen zugeflossen, so ist in Höhe der Differenz zu den getätigten Ausgaben festzustellen, inwieweit dem Unternehmen liquide Mittel zur Verfügung stehen.

Nach Auffassung des WFA sind als liquide Mittel „ausschließlich Kassenbestände, Bank- und Postscheckguthaben anzusehen. Nicht in Anspruch genommene Kreditlinien zählen nicht dazu."[72]

71 Vgl. § 10 Abs. 6 MaBV und WP-Handbuch 1981, S. 606 f.

72 WFA 1/1978, a.a.O., S. 79. Zur Problematik in diesem Zusammenhang vgl. *Witzke, W.-D.*, Zur Schutzwirkung des § 4 Abs. 1 Nr. 2 der Makler- und Bauträgerverordnung bei Gewerbetreibenden, die Vermögenswerte nach § 3 Abs. 1 u. 2 MaBV vom Auftraggeber entgegennehmen, WPg 1979, S. 97 ff.

Während die Zulässigkeit des Ansatzes des Baugrundstücks zum Verkehrswert für Zwecke der Mittelverwendungsrechnung unstrittig ist, ist es zu Meinungsverschiedenheiten darüber gekommen, inwieweit neben den sämtlichen bezogenen Fremdleistungen des Unternehmens darüber hinaus Ansätze für eigene Leistungen des Bauträgers, die er bei der Vorbereitung oder Durchführung des Bauvorhabens erbracht hat, anzusetzen sind. Nach dem Runderlaß des Ministeriums für Wirtschaft und Verkehr Niedersachsen vom 15. 8. 1977[73] sind für Sach- und Arbeitsleistungen des Bauherrn Ansätze in Höhe des „üblichen Entgeltes" entsprechend § 9 der II. Berechnungsverordnung zulässig.

„Die allgemeinen Aufwendungen des Bauträgers können dagegen hier grundsätzlich nicht berücksichtigt werden. Soweit es sich hierbei um spezielle Leistungen bei der Vorbereitung und Durchführung des Bauvorhabens handelt, könnte dies allerdings im Rahmen des § 8 Abs. 3 der II. Berechnungsverordnung bejaht werden. Aus Vereinfachungsgründen sollten die dort erwähnten Höchstbeträge bauabschnittsweise nach den Vomhundertsätzen des § 3 Abs. 2 MaBV vom Bauträger einbehalten werden können. Nicht abzugsfähig wären dagegen allgemeine Verwaltungsaufwendungen, die der Bauträger für den Verkauf macht, da es sich hierbei nicht um Leistungen bei der Vorbereitung oder Durchführung des Bauvorhabens handelt."[74] *Hofbauer* kritisiert diese Auffassung im Hinblick auf die „Begrenzung einerseits auf die Sätze der II. Berechnungsverordnung und andererseits auf die anteilige Vereinnahmung entsprechend dem Ratenplan in § 3 Abs. 2 MaBV"[75]. Er begründet seine Auffassung zum einen damit, daß die Verwaltungskosten des Unternehmens regelmäßig früher anfallen, als es den Anforderungszeitpunkten des § 3 Abs. 2 MaBV entspricht. Außerdem sei die Begrenzung auf die in § 8 der II. Berechnungsverordnung genannten Kalkulationssätze nicht zu rechtfertigen.

Es handele sich hierbei um eine Kalkulationsvorschrift, „die u. a. die Höchstsätze festlegt, die bei der Kalkulation der Herstellungskosten und damit auch der Mieten öffentlich geförderter Wohnungen zugrunde gelegt werden dürfen"[76]. Hier sei vielmehr zusätzlich zu prüfen, „ob auch die höheren Beträge noch im Rahmen dessen liegen, was im Hinblick auf die Kostensituation bei vergleichbaren Unternehmen als üblich und angemessen angesehen werden kann"[77].

73 Vgl. GewArch. 1977, S. 370 ff.
74 Rd.Erl. Nds. MfWuV, a.a.O., S. 373.
75 *Hofbauer,* MaBV, a.a.O., S. 97.
76 *Hofbauer,* MaBV, a.a.O., S. 98.
77 *Hofbauer,* MaBV, a.a.O., S. 99.

An dieser Stelle sei noch auf weitere Zweifelsfragen hingewiesen.

Während es unstrittig ist, daß eine „Entnahme“ des im Verkaufspreis enthaltenen Gewinnes während der Bauphase unzulässig ist, gibt es Meinungsverschiedenheit in bezug auf den Zeitpunkt der freien Gewinnverwendung am Ende des Bauprozesses. *Hofbauer* vertritt die Auffassung, „daß die freie Gewinnverwendung bei Bezugsfertigkeit des Bauvorhabens und nicht erst bei dessen endgültiger Fertigstellung möglich ist“[78].

Marcks weist demgegenüber darauf hin, „daß der Bauträger den Gewinn erst nach vollständiger Fertigstellung des Bauvorhabens und Begleichung sämtlicher Handwerkerrechnungen entnehmen darf“[79]. Dieses ergebe sich zum einen aus dem klaren Wortlaut des § 4 Abs. 1 Nr. 2 i. V. m. § 3 Abs. 2 Nr. 2, letzte Rate, MaBV, zum anderen stehe erst zu diesem Zeitpunkt fest, ob überhaupt ein Gewinn erzielt worden ist.

Für diese Auslegung hat sich der Bund-Länder-Ausschuß „Gewerberecht“ auf seiner Tagung im Mai 1977 entschieden[80].

Marcks räumt zwar ein, daß die Gewinnvereinnahmung bei Bezugsfertigkeit u. U. aus wirtschaftlichen Gründen wünschenswert sein könnte, stellt jedoch die angeblichen Gefahren für den Auftraggeber[81] und den nach seiner Meinung eindeutigen Gesetzeswortlaut in den Vordergrund. *Hofbauer* führt demgegenüber aus, daß der Gewinn sehr wohl kalkulierbar sei, da zum Zeitpunkt der Bezugsfertigkeit regelmäßig auch die noch nicht ausgeführten Restarbeiten vergeben sind; „er ist zu diesem Zeitpunkt auch nach den Grundsätzen ordnungsmäßiger Buchführung in der Handels- und Steuerbilanz zu erfassen. Für die noch ausstehenden Arbeiten sind Rückstellungen zu bilden“[82].

Unsere Ausführungen zu § 4 MaBV fordern abschließend zu folgenden kritischen Überlegungen hinsichtlich dessen Regelungsinhaltes heraus:

1. Die Makler- und Bauträgerverordnung enthält keine konkrete Handlungsanweisung für den Gewerbetreibenden, auf welche Weise er den Anforderungen des § 4 MaBV gerecht werden soll.

78 *Hofbauer,* MaBV, a.a.O., S. 100.
79 *Marcks,* a.a.O., S. 51.
80 Vgl. auch Rd.Erl. Nds. MfWuV, a.a.O., S. 373.
81 „Wenn die Rücklagen die tatsächlich noch anstehenden Restarbeiten nicht abdecken“ (a.a.O., S. 52).
82 *Hofbauer,* MaBV, a.a.O., S. 100.

2. Die Vorschriften des § 4 MaBV sind unpraktikabel. Eine auch nur einigermaßen exakte Bestimmung der *Ausgaben* pro „Bauvorhaben" ist in der Regel ohne völlig unzumutbaren Aufwand nicht möglich. In der Praxis erfolgt zwar grundsätzlich eine differenzierte Verbuchung der *Kosten* eines Baues. Die Bildung von Bau- bzw. Verkaufsmaßnahmen oder Baulosen erfolgt jedoch nach betriebsindividuellen, kaufmännischen Gesichtspunkten. Die *Aufteilung* der dementsprechend verbuchten Kosten auf Bauvorhaben i. S. d. MaBV führt ebenfalls zu einem unzumutbaren Arbeitsaufwand und zu im Detail unlösbaren Aufteilungsschwierigkeiten.

3. Selbst wenn dies möglich wäre, scheitert eine exakte Überprüfung des Mittelverwendungsgebotes an der mangelnden Feststellbarkeit der nicht verwendeten Vermögenswerte. Es fehlt eine klare Aussage in § 4 MaBV, wie etwa frei verfügbare Mittel zu definieren sind. (Sind dies nur Kassenvermögen und Bankguthaben? Was ist, wenn diesen liquiden Mitteln kurzfristige Verbindlichkeiten aus dem allgemeinen Unternehmensbereich entgegenstehen?)

4. § 4 MaBV kann die an ihn gesetzten Erwartungen zur Unterbindung des „Schnellballsystems" nicht erfüllen. Dies gilt selbst dann, wenn er eingehalten wird, man denke nur an die Mittelverwendungsregelungen für den Fall, daß ein Bauvorhaben einen schlechten Verkaufsstand hat. Wird hier nicht doch eine Art Schneeballsystem sanktioniert? Ist z. B. eine Eigentumswohnanlage lediglich zu 60 % verkauft, so können die Gelder der Käufer legitimerweise auch für die unverkaufte Bausubstanz verwendet werden.

5. § 4 MaBV stellt auch keine Fertigstellungsgarantie für den Käufer dar. Man denke hier an den Fall der Verlustbaumaßnahme, die allein aus Erwerbermitteln ohnehin nicht fertiggestellt werden könnte, ganz abgesehen davon, daß im Unternehmen andere Verlustquellen vorhanden sein können, die dessen Insolvenz herbeiführen, so daß das Bauvorhaben aus nicht im „Schneeballsystem" begründeten Ursachen nicht zu Ende geführt werden kann.

6. Im Fall der Zahlungsunfähigkeit des Gewerbetreibenden zeigt sich, daß § 4 MaBV einen echten zusätzlichen Sicherungswert für den Auftraggeber nicht darstellt. Die Zahlungen des Auftraggebers gehen, sofern sie vertragsgemäß nach § 3 MaBV geleistet werden, in das Vermögen des Gewerbetreibenden über. Im Falle des Konkurses hat der

Auftraggeber einen Anspruch auf die Bausubstanz, hinsichtlich seiner — allerdings nur in seltenen Fällen denkbaren — Mehrleistungen lediglich eine nicht bevorrechtigte Konkursforderung.

Als *Alternative* zur gegenwärtig unbefriedigenden Situation bietet sich an, den Begriff ,,Bauvorhaben" praxisgerechter zu formulieren und damit die Mittelverwendungsbestimmungen einhaltbar und prüfbar zu machen. Hierbei müßte gewährleistet sein, daß ein Bauvorhaben in jedem Falle mehrere Gebäude umfassen kann. Der Praxis gerecht würde möglicherweise ein Bauvorhabenbegriff, der vorschreibt, daß

— die Bauerstellung räumlich zusammenhängen muß;
— die Bauerstellung innerhalb eines bestimmten von vornherein festzulegenden Zeitraums stattfinden muß;
— die Werk-, Dienst- und Lieferungsverträge sich in vollem Umfang auf das Bauvorhaben beziehen müssen (Vergabeeinheit!);
— die Finanzierung auf das so definierte Bauvorhaben ausgerichtet sein muß (Finanzierungseinheit!).

Unter diesen Voraussetzungen mag es durchaus sinnvoll sein, den Bauträger nach wie vor zu einer objektbezogenen Mittelverwendung der Auftraggebermittel zu verpflichten. Die derzeitige Fassung der MaBV in diesem Punkt ist jedenfalls dringend änderungsbedürftig[83].

d) Das Verhältnis der §§ 3, 4 und 6 MaBV zueinander

An dieser Stelle erscheint es angezeigt, stichwortartig auf das Verhältnis der §§ 3, 4 und 6 der MaBV zueinander einzugehen.

§ 3 Abs. 1 MaBV regelt, unter welchen generellen Voraussetzungen rechtlicher Art der Gewerbetreibende überhaupt erst Mittel des Auftraggebers ,,entgegennehmen" oder ,,sich zu deren Verwendung ermächtigen lassen darf".

§ 3 Abs. 2 MaBV regelt, bei welchen Bautenständen bestimmte Teilbeträge — bei Vorliegen der Voraussetzungen des § 3 Abs. 1 MaBV — entgegengenommen werden dürfen.

83 Einen entsprechenden Vorstoß zu unternehmen, hat der WFA bereits beschlossen, vgl. FN 1983, S. 126.

Die unter Beachtung von § 3 MaBV beim Gewerbetreibenden eingehenden Mittel gehen in das Vermögen des Gewerbetreibenden über, entsprechende Gelder sind damit natürlich auch bilanzierungspflichtig.

§ 4 MaBV regelt nun deren bauvorhabengerechte Verwendung. Das heißt, die vom Auftraggeber vertragsgemäß im Rahmen des § 3 MaBV an den Gewerbetreibenden einbezahlten Gelder dürfen nur für das ,,Bauvorhaben" i. S. d. § 4 Abs. 1 Nr. 2 MaBV Verwendung finden, auf das sich der Auftrag bezieht. Daß hierbei nicht auf den ,,Vertragsgegenstand" abgestellt wird, sollte ganz offensichtlich eine Konzession an die Praxis sein.

Obwohl die MaBV grundsätzlich davon ausgeht, daß der Gewerbetreibende in Vorlage gegenüber dem Auftraggeber tritt, kommt es in der Praxis auch vor, daß die für ein Bauvorhaben fließenden Einnahmen größer sind als die zum Zeitpunkt des Eingehens der Gelder geleisteten Zahlungen für das Bauvorhaben.

Überschüsse dieser Art darf der Gewerbetreibende nicht für andere Zwecke als für das Bauvorhaben verwenden. Sie sind demnach bis zu ihrer bauvorhabengerechten Verwendung als liquide Mittel in Bereitschaft zu halten. Auf Sonderkonten müssen sie nicht eingezahlt werden.

§ 6 MaBV regelt demgegenüber die ,,getrennte Vermögensverwaltung" in den Fällen, in denen der Gewerbetreibende Vermögenswerte des Auftraggebers ,,erhält", und zwar außerhalb der ,,vertragsgemäß im Rahmen des § 3 Abs. 2 MaBV geleisteten Zahlungen".

Derartige ,,Vorauszahlungen" können durch Zutun des Gewerbetreibenden entstehen — dann würde ein Verstoß gegen § 3, ggf. auch § 12 MaBV, vorliegen —, sie können jedoch auch ohne Zutun des Gewerbetreibenden entstehen — der Auftraggeber zahlt beispielsweise freiwillig zuviel —, dann liegt keinerlei Verstoß des Gewerbetreibenden gegen § 3 MaBV vor, gleichwohl hat der Gewerbetreibende derartige Gelder ,,unverzüglich" auf Sonderkonten i. S. d. § 6 MaBV zu legen.

e) § 10 MaBV — Aufzeichnungs- und Nachweispflichten (Abschnitt F)

Der Gewerbetreibende wird durch § 10 MaBV verpflichtet, von der ,,Annahme des Auftrages an" unverzüglich ,,Aufzeichnungen zu machen sowie Unterlagen und Belege übersichtlich zu sammeln". Diese ermöglichen der Behörde im Zuge der Nachschau gem. § 15 MaBV einen Einblick in das Geschäftsgebahren des Gewerbetreibenden und sind Grundlage für die Prüfung gem. § 16 MaBV.

Die Ausgestaltung von *System und Form* der Aufzeichnungen und Sammlungen bleibt dem Unternehmen überlassen. Übertriebene Anforderungen dürfen an diese gewerberechtliche „Buchführung" aber nicht gestellt werden. Durch eine übersichtliche organisatorische Ausgestaltung der Aufzeichnungen bzw. der Unterlagen und Belegsammlungen läßt sich auch der für die Prüfung erforderliche Zeitaufwand günstig beeinflussen.

Die Erfüllung der besonderen Buchführungspflicht kann beispielsweise durch entsprechend ausgestaltete Kaufverträge, Objektkarteien, Prospekte und Formulare sichergestellt werden, die nach einem übersichtlichen System abzulegen sind. In der Finanzbuchhaltung können die erhaltenen Vermögenswerte, die Verwendung von Vermögenswerten und die Auftragsbeendigung durch Buchung der letzten Kaufpreisrate aufgezeichnet werden. Die Form der Aufzeichnungen ist zum Zwecke des Prüfungsnachweises, aber auch für die Berichterstattung[84] im Programmbogen F festzuhalten.

In den Prüfungsbericht ist gleichfalls aufzunehmen, welche Einzelbestimmungen des § 10 MaBV für den Gewerbetreibenden aufgrund seiner Tätigkeit maßgebend sind[84]. Die auf Bauträger anzuwendenden Bestimmungen und deren Inhalt sind im hier besprochenen Abschnitt des Prüfungsprogrammes aufgeführt:

- § 10 Abs. 2, betriebsbezogene, der Beurteilung des Geschäftsgebahrens dienende Angaben;
- § 10 Abs. 5, Daten darüber, ob die Geschäfte ordnungsgemäß durchgeführt und abgewickelt wurden;
- § 10 Abs. 4, objektbezogene, zur Beurteilung des Vertragsgegenstandes erforderliche Informationen.

Die zur Prüfung in diesem Bereich gezogene Stichprobe muß nicht identisch sein mit der in anderen Abschnitten des Prüfungsprogrammes. Es dürfte aber insbesondere dann zweckmäßig sein, die in Abschnitt D getroffene Auswahl heranzuziehen, wenn eine Vielzahl der zu prüfenden Daten systematisch in den verwendeten Kaufverträgen festgehalten wird.

84 Vgl. WFA 1/1982, a.a.O., S. 667.

Bei der Durchsicht der Verträge im Rahmen der Prüfungshandlungen zu Abschnitt D kann der Prüfer dann auch auf die sich aus § 10 MaBV ergebenden Erfordernisse achten.

Der in § 10 Abs. 5 Nr. 9 MaBV geforderte *Nachweis,* daß dem Auftraggeber die in § 11 MaBV bezeichneten Angaben rechtzeitig und vollständig mitgeteilt worden sind, soll die Einhaltung der dem Gewerbetreibenden auferlegten Informationspflichten nachprüfbar machen.

f) § 11 MaBV — Informationspflichten (Abschnitt G)

Für den Gewerbetreibenden besteht gegenüber dem Auftraggeber eine Informationspflicht während der Auftragsverhandlungen und zum Vertragsabschluß. Hierdurch soll der Interessent/Käufer in die Lage versetzt werden, sich über den Gewerbetreibenden und den Vertragsgegenstand zu informieren, um die Entscheidung treffen zu können, ob er mit dem Gewerbetreibenden Vertragsbeziehungen aufnehmen will.

Insgesamt sind die vom Gewerbetreibenden zu erfüllenden Informationspflichten durchaus im Rahmen dessen, was branchenüblich ist. In der Regel werden die Informationspflichten auch eingehalten, so daß sich in der Praxis Schwierigkeiten bei der Prüfung nicht ergeben sollten. Im Hinblick auf die MaBV ist von Bedeutung, daß die Informationen rechtzeitig und schriftlich zu geben sind und daß darüber unverzüglich gemäß § 10 MaBV Aufzeichnungen zu machen sind.

Bauträger müssen gem. § 11 Nr. 3 MaBV nur Personen, mit denen sie einen Vertrag abschließen, umfassend informieren. Vor dem Zeitpunkt der Auftragsannahme sind den Interessenten nur die „nach dem jeweiligen Verhandlungsstand" erforderlichen Daten bekanntzugeben. Die flexible Ausgestaltung der Informationspflicht ist sicherlich interessengerecht; denn an bestimmten Angaben können nur diejenigen Personen ein berechtigtes Interesse geltend machen, mit denen schließlich ein Vertragsverhältnis geschlossen wird.

Nicht immer eindeutig war in der Praxis die Interpretation des § 10 Abs. 2 Nr. 2 d MaBV, wonach der Gewerbetreibende Aufzeichnungen darüber zu machen hat, daß er den Auftraggeber davon unterrichtet hat, „daß er von ihm nur im Rahmen des § 3 Vermögenswerte entgegennehmen oder sich zu deren Verwendung ermächtigen lassen und diese Vermögenswerte nur im Rahmen des § 4 verwenden darf, es sei denn, daß nach § 7 verfahren wird". Hier vertreten wir die Auffassung, daß die Auftraggeber *ausdrücklich* auf die Pflichten des Gewerbetreibenden nach §§ 3 und 4 MaBV hinzuweisen sind, indem sie auch über deren Inhalt aufgeklärt werden. Ein lapidarer Hinweis auf die Makler- und Bauträgerverordnung allgemein reicht nicht aus.

In § 10 Abs. 5 Nr. 9 MaBV wird die Erbringung eines Nachweises über die rechtzeitige und vollständige Übermittlung aller „in § 11 bezeichneten Angaben" vorgeschrieben, in § 10 Abs. 1 MaBV werden Aufzeichnungen jedoch erst „von der Annahme des Auftrages an" gefordert. Bei Bauträgern wird ein objektiv prüfbarer Nachweis über die Einhaltung der Informationspflicht in der Anbahnungsphase des Auftragsverhältnisses in praxi aber schon deshalb nicht vorliegen, da dies letztlich, zur Ermittlung des Verhandlungsstandes, Aufzeichnungen über den Verlauf von Informationsgesprächen sowie die Ausfertigung von Nachweisen über die Aushändigung von Informationsmaterial erfordern würde. Schon beim ersten Kontakt — ohne zu wissen, ob es sich um einen ernsthaften Interessenten handelt — wären theoretisch, entgegen § 10 Abs. 1 MaBV, schriftliche Unterlagen zu fertigen. Die Einhaltung der Informationspflicht in der Anbahnungsphase wird bei interessengerechter Anwendung der Vorschrift des § 10 Abs. 5 Nr. 9 MaBV nur indirekt über das allgemeine Verkaufs- und Kundeninformationssystem des Gewerbetreibenden beurteilbar sein.

Bei Annahme des Auftrages, d. h. in der Regel mit Beurkundung des Kaufvertrages — ein Vorvertrag genügt bürgerlich-rechtlich nicht zum Abschluß eines Grundstücksgeschäftes — muß der Bauträger dem Käufer aber alle geforderten Informationen gegeben haben. Dieser Zeitpunkt ist für jeden in die Stichprobe einbezogenen Erwerber in den Prüfbogen G einzutragen. Die Form der Mitteilung (z. B. Empfangsbestätigung, Schriftverkehr oder ausdrückliche Bezugnahme im Kaufvertrag) ist wiederum auch für Berichtszwecke festzuhalten[85].

g) § 7 MaBV — Ausnahmevorschriften (Abschnitt H)

Bauträger sind — sofern sie Sicherheit *für alle etwaigen Ansprüche* des Auftraggebers auf Rückgewähr oder Auszahlung seiner Vermögenswerte i. S. d. § 2 Abs. 1 Satz 1 MaBV geleistet haben — von der Einhaltung folgender Bestimmungen der MaBV gemäß *§ 7 Abs. 1 MaBV* befreit:

85 Vgl. WFA 1/1982, a.a.O., S. 667.

— von § 3 Abs. 1 MaBV, welcher die grundsätzlichen Voraussetzungen rechtlicher Art für die Mittelhereinnahme regelt;
— von § 3 Abs. 2 MaBV, welcher die „ratengerechte" Mittelhereinnahme regelt;
— von § 4 Abs. 1 MaBV, welcher die „bauvorhabengerechte" Mittelhereinnahme regelt;
— von § 5 MaBV, welcher Regelungen zum Hilfspersonal enthält;
— von § 6 MaBV, welcher unter bestimmten Voraussetzungen eine getrennte Vermögensverwaltung vorsieht.

Der Verweis auf § 2 MaBV führt sehr häufig bei vordergründiger Betrachtung zu Fehlinterpretationen der Ausnahmevorschrift des § 7 MaBV.

Diese Vorschrift geht hinsichtlich ihrer Anforderungen weit über § 2 MaBV hinaus[86]. Nach § 2 MaBV sind lediglich Schadensersatzansprüche zu sichern wegen vorsätzlich begangener unerlaubter Handlungen durch den Gewerbetreibenden und dessen Hilfspersonal, die sich gegen die Vermögenswerte der Auftraggeber richten.

Nach § 7 MaBV sind dagegen Sicherheiten zu leisten für *alle* etwaigen Ansprüche des Auftraggebers auf Rückgewähr oder Auszahlung seiner Vermögenswerte.

§ 7 Abs. 1 Satz 2 MaBV verweist auf folgende Bestimmungen des § 2 MaBV:

— § 2 Abs. 1 Satz 1 MaBV:
Dies bedeutet, daß Sicherheit geleistet werden kann durch Stellung eines Bürgen oder eine zu diesem Zweck abgeschlossene geeignete Versicherung.
— § 2 Abs. 2 MaBV:
Als Bürgen kommen nur bestimmte Körperschaften, Kreditinstitute und Versicherungsunternehmen in Betracht. Die Bürgschaftserklä-

86 Der Verordnungsgeber unterscheidet klar zwischen Bauträgern, die dem Auftraggeber Eigentum an einem Grundstück übertragen oder ein Erbbaurecht bestellen oder übertragen sollen („Bauträger im engeren Sinne") und Bauträgern, die gegenüber ihrem Auftraggeber lediglich ein Nutzungsverhältnis begründen sollen. Entsprechend unterschiedliche Anforderungen werden vom Verordnungsgeber an die jeweiligen Gewerbetreibenden gestellt. Im ersten Fall gilt § 2 MaBV grundsätzlich nicht. Im zweiten Fall gilt für den „Normalfall" § 2 MaBV (vgl. Kapitel C, I, 1).

rung muß den Verzicht auf die Einrede der Vorausklage gem. § 771 BGB enthalten (§ 2 Abs. 2 Satz 3 MaBV).

— Für den Fall der Absicherung durch Abschluß einer Versicherung i. S. d. Absatzes 1 des § 2 MaBV regelt § 2 Abs. 3 MaBV die Vorbedingungen für die Eignung von Versicherungsunternehmen im Sinne dieser Vorschrift.
— Sicherheiten und Versicherungen können für jeden einzelnen Auftrag oder für mehrere gemeinsam geleistet oder abgeschlossen werden (§ 2 Abs. 4 Satz 2 MaBV).
— Der Gewerbetreibende hat dem Auftraggeber die zur unmittelbaren Inanspruchnahme von Sicherheiten und Versicherungen erforderlichen Urkunden auszuhändigen, bevor er Vermögenswerte des Auftraggebers erhält oder zu deren Verwendung ermächtigt wird (§ 2 Abs. 4 Satz 3 MaBV).

In § 7 Abs. 1 Satz 3 MaBV wird für Bauträger im engeren Sinne der Endtermin für die Aufrechterhaltung der Sicherheiten bestimmt, nämlich: ,,Bis das Vertragsobjekt bezugsfertig ist, der Besitz übergeben ist, die Rechtsänderung oder eine Vormerkung zur Sicherung des Anspruchs des Auftraggebers auf die Rechtsänderung im Grundbuch eingetragen ist und die vor- oder gleichrangigen Belastungen, die nicht übernommen werden sollen, im Grundbuch gelöscht sind''. Dies bedeutet, daß bei Anwendung des § 7 MaBV der Gewerbetreibende schon bei Bezugsfertigkeit und nicht erst bei ,,vollständiger Fertigstellung'' (vgl. § 3 Abs. 2 MaBV) aus den Pflichten der MaBV entlassen ist.

In diesem Zusammenhang ist diskutiert worden, ob die normalen Sicherungsmechanismen der MaBV kombiniert werden können mit den Sicherungspflichten des § 7 MaBV. Zweifelsfrei ist, daß der Gewerbetreibende innerhalb eines Bauvorhabens von Auftraggeber zu Auftraggeber verschieden verfahren kann. Nach *Marcks*[87] ist jedoch eine Vermischung beider Vorschriftengruppen innerhalb ein und desselben Auftragsverhältnisses nicht zulässig . *Marcks* führt zwei mögliche nach seiner Auffassung unzulässige Fälle auf:

— Es wird beispielsweise § 3 Abs. 1 MaBV eingehalten, jedoch von den Höchstbeträgen des § 3 Abs. 2 MaBV abgewichen und die Differenz durch eine Bürgschaft nach § 7 Abs. 1 MaBV abgesichert.
— Ein Vertrag wird zunächst nach § 3 MaBV abgewickelt, jedoch kurz vor Bezugsfertigkeit des Vertragsgegenstandes auf § 7 MaBV umgestellt.

87 Vgl. *Marcks,* a.a.O., S. 58.

In beiden Fällen werden zugunsten des Gewerbetreibenden Fälligkeiten vorverlegt. *Marcks* begründet seine ablehnende Haltung im ersten Fall damit, daß § 7 Abs. 1 MaBV die Absicherung *aller* etwaigen Ansprüche des Auftraggebers vorschreibt, im zweiten Fall damit, daß die letzte Rate gem. § 3 MaBV erst nach vollständiger Fertigstellung des Bauvorhabens fällig wäre, während § 7 MaBV den Vertragspartnern freistellt, die Höhe der Fälligkeitstermine der Abschlagszahlungen zu bestimmen und daß darüber hinaus die Sicherungspflicht des Gewerbetreibenden nach § 7 Abs. 1 Satz 3 MaBV u. a. schon mit der Bezugsfertigkeit des Vertragsobjektes endet.

Demgegenüber muß die Auffassung vertreten werden, daß kein Grund ersichtlich ist, nicht auch innerhalb eines Auftrages die Kombination beider Vorschriftengruppen für anwendbar zu halten, wenn der Käuferschutz eindeutig gewährleistet ist. Dies dürfte dann der Fall sein, wenn Sicherungen entsprechend § 7 MaBV abweichend von der Bestimmung des § 7 Abs. 1 Satz 3 MaBV bis zur vollständigen Fertigstellung des Bauvorhabens aufrechterhalten werden. Diese Auffassung wird auch vom WFA geteilt, wenn er in seiner Stellungnahme „Zu Zweifelsfragen bei der Anwendung der Makler- und Bauträgerverordnung" es „beispielsweise" für zulässig hält, „daß bei einem unter § 3 MaBV fallenden Bauträgervertrag für die letzte Rate eine Bankbürgschaft (§ 7 MaBV) bestellt und diese deshalb bereits vor der endgültigen Fertigstellung des Bauvorhabens hereingenommen wird"[88].

Ob darüber hinaus generell eine Kombination verschiedener Sicherungsmöglichkeiten innerhalb ein und desselben Auftrages zulässig ist, bleibt nach dem Verordnungswortlaut zweifelhaft. Zu bedenken ist immerhin, daß § 7 MaBV nicht auf § 2 Abs. 5 Satz 2 MaBV verweist, wo von „Teilbeträgen" die Rede ist, deren ordnungsgemäße Teilverwendungen dem Auftraggeber nachzuweisen sind.

Das Prüfungsprogramm berücksichtigt in Abschnitt H auch die bei Anwendung des § 7 MaBV im Rahmen der §§ 10 und 11 MaBV zusätzlich zu beachtenden Aufzeichnungs- und Informationspflichten, deren Einhaltung im Prüfungsbericht bei den entsprechenden Vorschriften zu vermerken ist.

Der Gewerbetreibende ist gem. § *7 Abs. 2 MaBV* von der Einhaltung der §§ 3 bis 6 MaBV auch dann befreit, wenn er Geschäfte mit Auftraggebern tätigt, die selbst in der Lage sind, das Risiko zu beurteilen, welches sich möglicherweise aus einer vertraglichen Bindung mit dem Gewerbetreibenden ergibt.

88 WFA 2/1982, a.a.O., S. 668.

Dies ist zu unterstellen, wenn es sich beim Auftraggeber um

1. eine juristische Person des öffentlichen Rechts oder ein öffentlich-rechtliches Sondervermögen

oder

2. einen in das Handelsregister oder das Genossenschaftsregister eingetragenen Kaufmann handelt.

Voraussetzung ist allerdings zusätzlich, daß die jeweiligen Auftraggeber in gesonderter Urkunde auf die Anwendung der eingangs genannten Bestimmungen verzichten. Entsprechende Aufzeichnungsbestimmungen finden sich in § 10 Abs. 5 Nr. 8 MaBV.

Handelt es sich bei dem Auftraggeber um einen in das Handelsregister oder das Genossenschaftsregister eingetragenen Kaufmann, so hat sich der Gewerbetreibende vom Auftraggeber dessen Eigenschaft als Kaufmann durch einen Auszug aus dem Handelsregister oder dem Genossenschaftsregister nachweisen zu lassen. Auch dieser Nachweis ist gem. § 10 Abs. 5 Nr. 8 MaBV zu dokumentieren.

3. § 12 MaBV — Unzulässigkeit abweichender Vereinbarungen (Abschnitt I)

Ebenso wie bei den in Abschnitt C des Programmes behandelten unternehmensbezogenen Vorschriften hat der Prüfer sich auch im Hinblick auf § 12 MaBV generell davon zu überzeugen, daß die Bestimmungen der §§ 3 bis 8 MaBV nicht vertraglich ausgeschlossen oder beschränkt wurden. ,,Nicht nur festgestellte Verstöße . . . sondern auch schon unzulässig abweichende vertragliche Vereinbarungen bedeuten einen Verstoß gegen die Verordnung''[89]. Bei Bauträgern ergeben sich hierfür Anhaltspunkte in erster Linie aus der Prüfung der Kaufverträge, weshalb an dieser Stelle auch auf Abschnitt D, Fragen 2 und 5, verwiesen wird.

Unklar ist bis heute, welche Konsequenzen in rechtlicher Hinsicht ein Verstoß gegen die in § 12 MaBV erwähnten Bestimmungen oder gegen § 12 MaBV selbst im Hinblick auf die §§ 134, 139 BGB hat[90]. Nach *Marcks* sind vertragli-

89 WFA 1/1978, a.a.O., S. 80.

90 Vgl. hierzu die sehr ausführlichen Darlegungen zur Rechtsproblematik des § 12 MaBV bei *Marcks,* a.a.O., S. 81 ff. sowie *Lach,* Gesetz für Immobilienmakler, Darlehensvermittler, Vermögensanlagenvermittler, Bauträger, Baubetreuer, WEKA-Verlag, 6. Auflage 1977, S. 91 f.

che Vereinbarungen, die den §§ 3 bis 8 MaBV zuwiderlaufen, insoweit nichtig; der von der Nichtigkeit nicht betroffene Teil des Rechtsgeschäfts bleibt wirksam. Die Nichtigkeit beschränkt sich also auf die verbotene Vertragsklausel, „an ihre Stelle tritt die zwingende Regelung der MaBV“[91].

Prüfungstechnisch von gewisser Schwierigkeit ist, daß vertragliche Vereinbarungen auch bei Bauträgern außerhalb der notariellen Kaufverträge denkbar sind. So ist es durchaus vorstellbar, daß der Gewerbetreibende nach Abschluß der notariellen Kaufverträge mit dem Auftraggeber einen abweichenden Ratenzahlungsplan vereinbart. In diesen Fällen genügt also eine allgemeine Vertragsprüfung nicht. Der Prüfer wird hier nicht zuletzt auch auf Abschnitt C Nr. 11 der Vollständigkeitserklärung verweisen, in der der Gewerbetreibende zu versichern hat, daß er auch § 12 MaBV in vollem Umfang beachtet.

4. Zusammenfassung der Prüfungsergebnisse (Abschnitt K)

Die Durchführung der Prüfung wird es regelmäßig erforderlich machen, daß das Programm nicht als „geschlossenes Werk“ behandelt werden kann, sondern zur Anlage programmabschnittsweiser Arbeitspapiere auseinanderzunehmen ist. Die verkaufsmaßnahmebezogenen Programmabschnitte sind in der Regel mehrfach zu verwenden. Um den Überblick über die Ergebnisse der Prüfung zu verbessern, werden diese im Abschnitt K zusammengefaßt. Werden bei der Bearbeitung der einzelnen Abschnitte festgestellte Verstöße deutlich gekennzeichnet, so erleichtert dies die Zusammenfassung der Prüfungsergebnisse. Die im Anschluß an den Prüfungsvermerk erforderliche Aufzählung der festgestellten Verstöße[92] wird auf diese Weise gewährleistet.

91 *Marcks,* a.a.O., S. 85.
92 Vgl. WFA 1/1982, a.a.O., S. 667.

D Schlußbemerkung

Wer sich sowohl theoretisch als auch praktisch mit den differenzierten Bestimmungen der Makler- und Bauträgerverordnung intensiv befaßt hat, wird wissen, daß es sich um keine leichte Prüfung handelt. All die erforderlichen detaillierten Prüfungshandlungen und Dokumentationen in vertretbarer Zeit, d. h. ökonomisch durchzuführen, stellt hohe Anforderungen an die Sachkunde und das Rationalisierungsvermögen des Prüfers.

Das vorliegende Prüfungsprogramm soll hierbei Hilfestellung leisten.

Darüber hinaus jedoch ist es erforderlich, daß die Gewerbetreibenden, die gem. § 16 MaBV prüfungspflichtig sind, in Zukunft verstärkt darauf achten, „prüfungsbereit" zu sein. Um eine möglichst reibungslose Prüfungsabwicklung zu gewährleisten, müssen — ähnlich wie das für die Prüfung von Jahresabschlüssen selbstverständlich ist — prüffähige Unterlagen, und zwar *zu Beginn der Prüfung,* vorgelegt werden. Zu denken ist hier insbesondere an Mittelverwendungsrechnungen zum Nachweis der Einhaltung des § 4 MaBV, wodurch die hiermit zusammenhängenden äußerst zeitraubenden Prüfungshandlungen erleichtert würden. Die Prüfer sollten künftig — nicht zuletzt im Interesse der Gewerbetreibenden — intensiver darauf hinwirken.

Literaturverzeichnis

Adler/Düring/Schmaltz, Rechnungslegung und Prüfung der Aktiengesellschaft, 4. Auflage, Verlag C. E. Poeschel 1968, Band I.

Canaris, Großkommentar zum HGB, 3. Auflage, Bd. III/3 Bankvertragsrecht, 2. Bearbeitung 1981, Verlag de Gruyther & Co., Berlin.

Havermann, Entwicklungstendenzen in Rechnungslegung und Prüfung in nationaler und internationaler Sicht, WPg 1981, S. 564 ff.

Hofbauer, Die gewerberechtlichen Prüfungsbestimmungen für Wohnungsunternehmen, WPg 1976, S. 373 ff.

Hofbauer, MaBV-Gewerberechtliche Vorschriften für Wohnungsunternehmen, Immobilienmakler und Anlagenvermittler, Verlag für Wirtschaft und Verwaltung Hubert Wingen, Essen 1980.

Internationale Verlautbarungen, UEC-Empfehlung Nr. 3: Die Arbeitspapiere des Abschlußprüfers, FN 1978, S. 263 ff.

UEC-Empfehlung Nr. 6: Gewährleistung und Verbesserung der Prüfungsqualität — Quality Control, WPg 1979, S. 479 ff.

IFAC: Internationaler Leitsatz (Guideline) für die Abschlußprüfung Nr. 9: Dokumentation FN 1981, S. 61 ff.

IFAC: Internationaler Leitsatz (Guideline) für die Abschlußprüfung Nr. 7: Gewährleistung der Prüfungsqualität, WPg 1981, S. 154 ff.

Institut der Wirtschaftsprüfer, Gemeinsame Stellungnahme der Wirtschaftsprüferkammer und des Instituts der Wirtschaftsprüfer in Deutschland e. V. zur Gewährleistung der Prüfungsqualität, FN 1981, S. 306 ff.

FG 1/1977: Grundsätze ordnungsmäßiger Durchführung von Abschlußprüfungen, WPg 1977, S. 210 ff.

HFA 2/1981: Arbeitspapiere des Abschlußprüfers, FN 1982, S. 4 f.

WFA 1/1983: Zur Prüfung Gewerbetreibender im Sinne des § 34 c Abs. 1 der GewO gemäß § 16 der Makler- und Bauträgerverordnung, WPg 1979, S. 78 ff. und WPg 1982, S. 664.

WFA 1/1982: Mustergliederung eines Prüfungsberichts für Prüfungen nach § 16 MaBV, WPg 1982, S. 664 ff.

WFA 2/1982: Zu Zweifelsfragen bei der Anwendung der Makler- und Bauträgerverordnung, WPg 1982, S. 667 f.

Lach, Gesetz für Immobilienmakler, Darlehensvermittler, Vermögensverwalter, Bauträger, Baubetreuer, WEKA-Verlag, 6. Auflage 1977.

Landmann/Rohmer, Gewerbeordnung und ergänzende Vorschriften Band I, Verlag C. H. Beck.

Leffson, Wirtschaftsprüfung, 2. Auflage, 1980, Verlag Dr. Th. Gabler, Wiesbaden.

Leffson, Das wirtschaftliche Prüfungswesen im System der allgemeinen Betriebswirtschaftslehre, WPg 1969, S. 389 ff.

Marks, Die Gewährleistung der Prüfungsqualität, WPg 1982, S. 25 ff.

Marcks, Makler- und Bauträgerverordnung, Verlag C. H. Beck, 2. Auflage 1981.

Witzke, Zur Schutzwirkung des § 4 Abs. 1 Nr. 2 der Makler- und Bauträgerverordnung bei Gewerbetreibenden, die Vermögenswerte nach § 3 Abs. 1 und 2 MaBV vom Auftraggeber entgegennehmen, WPg 1979, S. 97 ff.

WP-Handbuch, 1981, IdW-Verlag, Düsseldorf.

Wysocki, Grundlagen des betriebswirtschaftlichen Prüfungswesens, 2. Auflage, Verlag Franz Vahlen, 1977.

Bekanntmachungen

Allgemeine Verwaltungsvorschrift zum § 34 c der Gewerbeordnung und zur Makler- und Bauträgerverordnung (Vwv § 34 c GewO), Bekanntmachung des Bayerischen Staatsministeriums für Wirtschaft und Verkehr vom 26. 1. 1976 Nr. 4030 f.-IV/5a-0858.

Runderlaß des Ministeriums für Wirtschaft und Verkehr Niedersachsen vom 15. 8. 1977, Gew.Arch. 1977, S. 370 ff.

Landesnotarkammer Bayern, München, Merkblatt für die Gestaltung von Verträgen mit Bauträgern vom 1. 3. 1981.

Programm zur Prüfung von Bauträgern*)

gem. § 16 der Makler- und Bauträgerverordnung (MaBV)

Dieses Prüfungsprogramm ist anzuwenden bei der Prüfung von Bauträgern, die dem Auftraggeber **Eigentum** an einem Grundstück übertragen bzw. ein **Erbbaurecht** bestellen oder übertragen (Bauträgergeschäfte im engeren Sinne, vgl. zur Anwendung auch Abschn. A/Nr. 2 dieses Programms).

*) *Das auf den folgenden Seiten wiedergegebene Prüfprogramm liegt in Form von Arbeitsbogen für die tägliche Praxis vor. Es ist über den IdW-Verlag GmbH zu beziehen.*

A

A. Vorbereitende Prüfungshandlungen

Hinweise auf AP A ......

1. a) Verschaffen Sie sich einen **Überblick** über sämtliche vom Gewerbetreibenden im Kalenderjahr getätigten Geschäfte.

   b) Lassen Sie sich die nach der Vollständigkeitserklärung des IdW Muster M (Abschn. A Anlage 1) vorgesehenen Verzeichnisse sämtlicher Tätigkeiten im Sinne von § 34 c Abs. 1 GewO **zu Beginn** der Prüfung aushändigen.

   c) Prüfen Sie die Vollständigkeit und Richtigkeit der Ihnen vorgelegten Unterlagen wie folgt:

   — werten Sie Ihre Erkenntnisse aus der Prüfung oder Erstellung des Jahresabschlusses aus,

   — sofern ein derartiger Auftrag nicht durchzuführen war, überprüfen Sie die Ihnen vorgelegte Übersicht beispielsweise durch Durchsicht von Mustern von Verträgen, der Bau- und Erlöskonten, der Inseratensammlung nach § 13 MaBV sowie durch ergänzende Befragung des Gewerbetreibenden.

2. Übt der Gewerbetreibende eine der in § 34 c Abs. 1 GewO aufgeführten Tätigkeiten aus:

   a) Makler gem. Nr. 1a? — Ja / Nein*

   b) Vermittler bestimmter Vermögensanlagen gem. Nr. 1b? — Ja / Nein

   c) Bauherr gem. Nr. 2a:

   ca) Unter Verwendung von Vermögenswerten von künftigen Eigentümern oder Erbbauberechtigten? — Ja / Nein

   cb) Unter Verwendung von Vermögenswerten von künftig Nutzungsberechtigten? — Ja / Nein

   d) Baubetreuer gem. Nr. 2b? — Ja / Nein

   Die Tätigkeiten unter a, b, cb und d werden von diesem Prüfungsprogramm nicht abgedeckt.

3. Liegt die Erlaubnis nach § 34 c GewO vor oder gilt sie als erteilt? — Ja / Nein

   (Kopie bitte zu Dauerakte nehmen bzw. Dauerarbeitspapier anlegen)

4. Stimmen Sie den Inhalt dieser Erlaubnis ab mit den unter obiger Nr. 2 festgestellten Tätigkeiten des Gewerbetreibenden. Beachten Sie in diesem Zusammenhang, daß eine erlaubnispflichtige Tätigkeit bei Bauträgern im engeren Sinne nur dann vorliegt, wenn sie zur Vorbereitung oder Durchführung der Bauvorhaben tatsächlich Vermögenswerte von Erwerbern hereinnehmen.

   Stimmen Erlaubnis und Tätigkeiten überein? — Ja / Nein

   Wenn Nein:
   Ist eine schriftliche Unterrichtung des Gewerbetreibenden zu veranlassen? — Ja / Nein

5. Ermitteln bzw. überarbeiten Sie die für die Darstellung der rechtlichen Verhältnisse im Prüfungsbericht erforderlichen Daten, vgl. auch Stellungnahme WFA 1/1982 Abschnitt 2/B.

Hinweise auf AP A ......

---

* Nichtzutreffendes bitte streichen

B

B. Organisation und Aufzeichnungen

Hinweise auf AP B ......

1. Skizzieren Sie die organisatorischen Gegebenheiten des Betriebes in kaufmännischer und technischer Hinsicht (Dauerarbeitspapier). Achten Sie hier insbesondere auf die Vorkehrungen zur Einhaltung der §§ 3, 4, 10 Abs. 2, 4 und 5 sowie 11 MaBV z. B. durch:

   — Prospektinhalte,

   — Vertragsgestaltung,

   — Formularwesen,

   — System zur Feststellung der Bautenstände,

   — System des Ratenabrufs,

   — System des Zahlungsverkehrs mit den Handwerkern,

   — Festlegung von Entnahmeregelungen,

   — Organisation des Vertriebes.

   Aktualisieren Sie gegebenenfalls vorliegende Unterlagen aus vorhergehenden Prüfungen.

2. Wurde die Ordnungsmäßigkeit der Buchführung für den Prüfungszeitraum durch einen Wirtschaftsprüfer ohne Einschränkung testiert bzw. bescheinigt? — Ja / Nein*

Hinweise auf AP B ......

3. Sofern ein uneingeschränktes Testat bzw. eine Bescheinigung **nicht** erteilt wurde, ist zu prüfen, ob die Organisation der Buchführung sowie die Eintragungen in die Handelsbücher im Hinblick auf ihre Verwertbarkeit für Zwecke der Prüfung nach der MaBV ordnungsmäßig sind. Beachten Sie die besondere Bedeutung des internen Kontrollsystems.

4. Werten Sie Ihre Feststellungen — auch für Zwecke der Berichterstattung (WFA 1/1982 Abschnitt 2/D, I) — aus.

5. Haben sich Mängel ergeben? — Ja / Nein

   Wenn Ja: Berücksichtigen Sie diese Mängel bei Art und Umfang Ihrer Prüfungshandlungen.

* Nichtzutreffendes bitte streichen

C

C. Unternehmensbezogene Vorschriften

§ 5 MaBV — Hilfspersonal —

1. Hat der Gewerbetreibende andere Personen (z. B. Mitarbeiter) ermächtigt, Vermögenswerte der Auftraggeber

a) entgegenzunehmen (z. B. in Form von Bargeld, Schecks, Abbuchungsermächtigung von Erwerberkonten)? Ja / Nein*

Wenn Ja:

	Name	**Verkaufsmaßnahme**
a)	....	....
b)	....	....
c)	....	....
d)	....	....
e)	....	....

b) zu verwenden (z. B. durch Zeichnungsberechtigung für Bankkonten des Gewerbetreibenden, sofern über diese Konten Erwerbermittel abgewickelt werden)? Ja / Nein

Wenn Ja: Wer ist ggf. mit wem für welche Konten zeichnungsberechtigt?

	Kreditinstitut	**Kto.-Nr.**	**Zeichnungsberechtigte**	**Verkaufsmaßnahme**
a)	....	....	....	....
b)	....	....	....	....
c)	....	....	....	....
d)	....	....	....	....
e)	....	....	....	....

Hinweise auf AP C ......

2. Durch welche Vorkehrungen hat der Gewerbetreibende sichergestellt, daß Entgegennahme und/oder Verwendung von Auftraggebermitteln durch vorstehendes Hilfspersonal nur nach Maßgabe der §§ 3 und 4 MaBV geschieht?

Sind diese Vorkehrungen zur Einhaltung des § 5 MaBV geeignet? Ja / Nein

§ 8 MaBV — Rechnungslegung —

1. Verwendet der Gewerbetreibende ausschließlich Verträge mit **Festpreisvereinbarung?** Ja / Nein

   (Vgl. Prüfprogramm Abschn. D, Übersicht zu Ziffer 12, ergänzend hierzu Auskünfte des Mandanten.)

2. Wenn Nein: Wird ggf. ein **schriftlicher** Abrechnungsverzicht der Auftraggeber nach Beendigung des Auftrages nachgewiesen? Ja / Nein

   Wenn Nein: Liegen ordnungsgemäße Abrechnungen (geordnete Zusammenstellung der Einnahmen und Ausgaben unter Vorlage der Belege) vor? Ja / Nein

3. Stehen die Abrechnungen in offensichtlichem Widerspruch zu Ihren Feststellungen bei der Prüfung der §§ 3 und 4 MaBV? Ja / Nein

* Nichtzutreffendes bitte streichen

§ 9 MaBV — Anzeigepflicht —

1. Wurde **unverzüglich** angezeigt:

Name der zur Leitung des Betriebes/Zweigniederlassung beauftragten Person	a) beauftragt am: b) ausgeschieden am:	angezeigt am: angezeigt am:	Verstoß?
....	a)	....	Ja / Nein
	b)	....	Ja / Nein
....	a)	....	Ja / Nein
	b)	....	Ja / Nein

2. Enthalten die Anzeigen neben dem Namen (ggf. Geburtsnamen) Vorname, Staatsangehörigkeit, Geburtstag, Geburtsort und Anschrift der betreffenden Personen? — Ja / Nein

   Wenn Nein: Fehlende Angaben dokumentieren, vgl. AP: C. ...

Hinweis: Bei juristischen Personen sind auch die nach Gesetz, Satzung oder Gesellschaftsvertrag jeweils zur Vertretung berufenen Personen anzugeben. Anzeigepflichtig ist jede Neuernennung und jeder Wechsel in der Leitung des Betriebs oder einer Zweigniederlassung.

§ 13 MaBV — Inseratensammlung —

1. Sehen Sie die „Inseratensammlung" auf ihre äußere Gestaltung hin durch.

   Werden die abgelegten Veröffentlichungen und Werbeschriften (bzw. die nach § 13 Abs. 1 Satz 4 und Abs. 2 MaBV zulässigen Kopien und Vermerke)

   in der Reihenfolge des Erscheinens **übersichtlich** verwahrt? — Ja / Nein

2. Ziehen Sie die Aufwandskonten, auf denen Werbeaufwand und Drucksachen verbucht sind, heran und prüfen Sie anhand der Belege die Vollständigkeit der Sammlung.

   Dokumentation der Stichprobe vgl. AP: C. ...

   Haben sich Beanstandungen ergeben? — Ja / Nein

§ 14 MaBV — Aufbewahrung —

Werden die in den §§ 10 und 13 MaBV bezeichneten Geschäftsunterlagen 5 Jahre lang in den Geschäftsräumen aufbewahrt? — Ja / Nein

Wenn Nein:

Welche Verstöße haben Sie festgestellt?

....

....

....

D. Besondere Sicherungspflichten für Bauträger

§ 3 MaBV

§ 3 Abs. 1

1. Wann wurde die Baugenehmigung erteilt?
2. Unter welchem Datum wurde der notarielle Kaufvertrag abgeschlossen?
   (Bei der Durchsicht der Verträge ist auch auf die Vorschrift des **§ 12 MaBV** zu achten, festgestellte Verstö
   bitte in Abschn. I des Prüfprogramms festhalten)
3. Sofern das Vorliegen nachstehend aufgeführter Fälligkeitsvoraussetzungen (Ziffer 4—10) durch ein Schre
   des Notars bestätigt wird, bitte hier das jeweilige Datum der Notarbestätigung eintragen.
4. Rechtswirksamkeit des Vertrages:
   a) Zu welchem Zeitpunkt teilte der Notar **schriftlich** das Vorhandensein erforderlicher Genehmigungen m
   b) Zu welchem Zeitpunkt sind für den Vertragsvollzug erforderliche Wirksamkeitsvoraussetzungen eingetret
5. Wurden dem Gewerbetreibenden keine vertraglichen Rücktrittsrechte eingeräumt?
   (wenn Nein: Dann auch Verstoß gegen **§ 12 MaBV** vgl. Abschn. I)
6. Wurde eine Auflassungsvormerkung an der vereinbarten Rangstelle im Grundbuch eingetragen?
   a) Wenn Ja bitte Datum und Nachweis angeben:

   b) Wenn Nein: Wann waren die Voraussetzungen der Alternativlösung gem. § 3 Abs. 1 Nr. 2 MaBV gegebe
7. Sollen der Vormerkung vorrangige oder gleichstehende Grundpfandrechte übernommen werden?
   Wenn Ja, bitte auf gesondertem Blatt festhalten: D ....
   Diese Feststellungen dienen auch der Prüfung des § 3 Abs. 2 MaBV (vgl. Ziff. 13 d)
8. Entsprechen die Freistellungserklärungen § 3 Abs. 1 Sätze 2 und 3 MaBV?
   Nehmen Sie Kopien zu den AP: D ....
9. Sofern die Freistellungserklärungen bei Vertragsabschluß bereits vorlagen
   a) wurde auf sie im Vertrag Bezug genommen und
   b) wann wurden sie dem Erwerber ausgehändigt?
10. Enthält der Vertrag andernfalls einen ausdrücklichen Hinweis
    a) auf die Verpflichtung des Gewerbetreibenden zur Aushändigung der Erklärungen an den Erwerber und
    b) deren notwendigen Inhalt?
    c) wann wurden sie dem Erwerber ausgehändigt?
11. Zu welchem Zeitpunkt waren alle Sicherungspflichten des § 3 Abs. 1 MaBV erfüllt?

§ 3 Abs. 2

12. Ermitteln Sie für jeden in die Stichprobe einbezogenen Erwerber die Daten gemäß **umseitiger Übersicht:**
    (Vertragsdaten bitte im Jahr der ersten Vertragseinsicht **vollständig** eintragen)
13. Beachten Sie bei der Ausfüllung folgende **Hinweise:**
    a) Maßgeblich ist der Bautenstand des Vertragsgegenstandes, nicht der Verkaufsmaßnahme.
    b) Der Nachweis für das Erreichen der einzelnen Bautenstände wird in der Regel für alle Vertragsgegenstände innerhalb einer Verkaufsmaßnahme jeweils in gleicher Weise erbracht. Sind in Ausnahmefällen die Nachweise für bestimmte Bautenstände des einzelnen Vertragsgegenstandes unterschiedlicher Art, sind diese auf einem gesonderten Blatt zu dokumentieren (vgl. AP: D ....). In der Zeile „Nachweis“ ist dann ein entsprechender Verweis anzubringen.
    c) Der Zeitpunkt des Erreichens der jeweiligen Bautenstände ist anhand von Rechnungen, Protokollen, Abnahmescheinen, externen Bautenstandsmeldungen und dgl. zu prüfen.
    d) Sofern Verbindlichkeiten übernommen werden (vgl. auch Ziffer 7), ist die Entgegennahme weiterer Vermögenswerte erst nach vollständiger Verrechnung möglich.
    e) Eigenleistungen sind mit der jeweiligen Rate zu verrechnen.
    f) Die angegebenen Prozentsätze — bezogen auf die Vertragssumme — gelten sofern Grundstückseigent übertragen wird. Bei Erbbaurechten gelten: 20 %, 32 %, 20 %, 12 %, 12 % und 4 %.

* Nichtzutreffendes bitte streichen

D

Angelegt 198.... von ....
Fortgeführt 198.... von ....
Abgeschlossen 198.... von ....

Verkaufsmaßnahme: ....
Anzahl der Einheiten: ....

rber:	....	....	....	....	....	....
n:	....	....	....	....	....	....
n:	....	....	....	....	....	....
m:	....	....	....	....	....	....
n:	....	....	....	....	....	....
n:	....	....	....	....	....	....
	Ja / Nein*	Ja / Nein	Ja / Nein	Ja / Nein	Ja / Nein	Ja / Nein
m:	....	....	....	....	....	....
weis:	....	....	....	....	....	....
m:	....	....	....	....	....	....
weis:	....	....	....	....	....	....
	Ja / Nein	Ja / Nein	Ja / Nein	Ja / Nein	Ja / Nein	Ja / Nein
	Ja / Nein	Ja / Nein	Ja / Nein	Ja / Nein	Ja / Nein	Ja / Nein
	Ja / Nein	Ja / Nein	Ja / Nein	Ja / Nein	Ja / Nein	Ja / Nein
m:	....	....	....	....	....	....
	Ja / Nein	Ja / Nein	Ja / Nein	Ja / Nein	Ja / Nein	Ja / Nein
	Ja / Nein	Ja / Nein	Ja / Nein	Ja / Nein	Ja / Nein	Ja / Nein
m:	....	....	....	....	....	....
m:	....	....	....	....	....	....

Zu Ziff. 12:

		1. Rate **Bautenstand:** Beginn der Erdarbeiten **Nachweis:**				2. Rate Rohbaufertigstellung		
Erwerber	Datum Ziffer 11	Festpreis (vgl. § 8 MaBV) DM	Rate lt. Vertrag DM 30 %	Zahlungs-eingang DM	Bautenst. erreicht Mittel-herein-nahme Datum	Rate lt. Vertrag DM 28 %	Zahlungs-eingang DM	Baute erre Mitt here nahr Datu

14. Stimmen Sie für jeden Erwerber die Daten mit Hilfe folgender **Prüfmatrix** ab:

Vertraglicher Zahlungsplan		Mittelhereinnahme			
(1)	falsch	falsch	Verstoß: §§ 12 u. 3 MaBV § 6 MaBV prüfen	richtig	Verstoß: § 12 MaBV
(2)	richtig	falsch	§ 3 MaBV § 6 MaBV prüfen	richtig	——

Die Feststellung, ob der Zahlungsplan und/oder die Mittelhereinnahme richtig oder falsch ist, muß sowohl unter Berücksichtigung des § 3 Abs. 1 MaBV als auch des § 3 Abs. 2 MaBV getroffen werden. Kennzeichnen Sie festgestellte Verstöße.

15. Sind die festgestellten Verstöße durch das System des Abrufs der Kaufpreisraten bedingt?

19.....	19......	19......
Ja / Nein	Ja / Nein	Ja / Nein

Wenn Ja:

Halten Sie die festgestellten Systemschwächen fest (vgl. AP: D ......).

Verkaufsmaßnahme: ....

. Rate ohinstallation/Innenputz			4. Rate Schreiner/Glaser			5. Rate Bezugsfertigkeit			6. Rate Vollständige Fertigstellung		
e lt. trag	Zahlungs- eingang	Bautenst. erreicht	Rate lt. Vertrag	Zahlungs- eingang	Bautenst. erreicht	Rate lt. Vertrag	Zahlungs- eingang	Bautenst. erreicht	Rate lt. Vertrag	Zahlungs- eingang	Bautenst. erreicht
		Mittel- herein- nahme			Mittel- herein- nahme			Mittel- herein- nahme			Mittel- herein- nahme
M 5 %	DM	Datum	DM 10,5 %	DM	Datum	DM 10,5 %	DM	Datum	DM 3,5 %	DM	Datum

§ 6 MaBV — Getrennte Vermögensverwaltung —

16. Ergibt sich aufgrund der Feststellungen nach Ziff. 14 die Notwendigkeit der Einhaltung des § 6 MaBV, ist in jedem Fall zu prüfen:

a) Wurden die Gelder unverzüglich auf ein Sonderkonto bei einem Kreditinstitut eingezahlt? Ja / Nein

b) Wurden sie bis zur Verwendung im Rahmen des § 4 MaBV bzw. bis zum Vorliegen sämtlicher Voraussetzungen des § 3 MaBV dort belassen? Ja / Nein

c) Wurde dem Kreditinstitut offengelegt, daß die eingelegten Gelder für fremde Rechnung eingelegt sind und wurden hierbei die Namen, Vornamen und die Anschrift der Auftraggeber angegeben? Ja / Nein

Wenn Nein, fehlende Angaben unterstreichen.

d) Wurde das Kreditinstitut gem. § 6 Abs. 2 Satz 3 MaBV verpflichtet? Ja / Nein

e) Wurde das Kreditinstitut gem. § 6 Abs. 2 Satz 4 MaBV verpflichtet? Ja / Nein

f) Wurden Wertpapiere entgegengenommen? Ja / Nein

Wenn Ja: Wurde § 6 Abs. 3 MaBV beachtet? Ja / Nein

Hinweis: Sofern in den Vereinbarungen mit den Kreditinstituten die sich aus § 6 MaBV ergebenden Verpflichtungen beschränkt oder ausgeschlossen wurden, liegt auch ein Verstoß gegen **§ 12 MaBV** vor. Bitte in Abschnitt I festhalten!

E. Verwendung von Vermögenswerten

§ 4 MaBV

Hinweise auf AP E ......

1. Prüfen Sie für die einzelnen Verkaufsmaßnahmen, in wie viele Bauvorhaben im Sinne des § 4 Abs. 1 Nr. 2 MaBV sich diese unterteilen. Beachten Sie den spezifischen Begriff des „Bauvorhabens" nach der MaBV.

   Nehmen Sie eine Kopie des Lageplanes des jeweiligen Objektes als Arbeitsgrundlage zu den Akten.

2. Sofern das Unternehmen Einnahmen und Ausgaben für jedes Bauvorhaben i. S. v. § 4 MaBV aufzeichnet, überprüfen Sie anhand dieser Aufzeichnungen in Stichproben, ob die erhaltenen Auftraggebermittel stichtagsbezogen ausschließlich für das jeweilige Bauvorhaben verwendet wurden.

3. In aller Regel existieren derartige Aufzeichnungen nicht. Es werden vielmehr mehrere Bauvorhaben i. S. der MaBV buchhalterisch zu einer „Baumaßnahme", „Verkaufsmaßnahme" und dgl. zusammengefaßt.

   Die Gegenüberstellung der Einnahmen und Ausgaben für diese so zusammengefaßten Bauvorhaben zu einem bestimmten Stichtag führt nur dann zu einer verwendbaren Aussage im Hinblick auf die korrekte Mittelverwendung, wenn folgende Voraussetzungen erfüllt sind:

   a) Sämtliche „Bauvorhaben" innerhalb einer Verkaufsmaßnahme haben einen in etwa gleichen Bautenstand,

   b) alle Einheiten der Verkaufsmaßnahme sind verkauft,

   c) für alle Vertragsobjekte erfolgt die Mittelhereinnahme auch in tatsächlicher Hinsicht entsprechend § 3 Abs. 2 MaBV.

4. Stellen Sie in allen anderen Fällen fest,

   a) inwieweit sich die abgeschlossenen Werkverträge auf die gesamte Verkaufsmaßnahme, auf einzelne Unterabschnitte oder auf das „Bauvorhaben" beziehen,

   b) inwieweit Entsprechendes für die valutierten Zwischenkredite der Banken gilt und

   c) ob ein Baubankkonto geführt wird, über das alle Zahlungseingänge und Zahlungsausgänge abgewickelt werden. Achten Sie hierbei wiederum darauf, inwieweit sich dieses Baubankkonto auf die gesamte Verkaufsmaßnahme, auf Unterabschnitte oder auf das „Bauvorhaben" im Sinne der MaBV bezieht.

5. Werten Sie die vorstehend gewonnenen Erkenntnisse bei der stichtagsbezogenen Ermittlung der Einnahmen und der Ausgaben pro „Bauvorhaben" mit Hilfe nebenstehender Übersicht aus.

E

ɔnteninhalte m Stichtag: 31. 12. 1983	Die Konteninhalte beziehen sich auf die „Bauvorhaben“	Gesamt TDM	Verkaufsmaßnahme Bauvorhaben: A	B	C
ebuchte Grundstückskosten	A	500	500		
ebuchte Grundstückskosten	B/C	900[1])		300	600
ərbindlichkeiten aus Grundstückskäufen		(0)	(0)	(0)	(0)
aunebenkosten	A/B/C	300[2])	100	50	150
Z an Handwerker	A/B/C	6.000[3])	3.000	1.000	2.000
bgerechnete Baukosten ./. Verbindlichkeiten	A	100	100		
	B	30		30	
	C	80			80
	A/B[4])	160	80	80	
	A/B/C[4])	210	90	50	70
	B/C[4])	40		30	10
	A/C[4])	40	20		20
	Summe der Bau-Ausgaben	8.360	3.890	1.540	2.930
wischenkredite	A/B[5])	(1.000)	(620)	(380)	
	C	(100)			(100)
		7.260	3.270	1.160	2.830
äuferzahlungen		8.000	3.000	1.000	4.000
		Verstoß:	Nein	Nein	Ja?[6])

terungen

ie Zuordnung der Grundstückskosten erfolgt in Abstimung mit dem Gewerbetreibenden aufgrund geeigneter ɔhlüssel (qm-Grundstücksfläche, Ausnutzung usw.)

der Regel vereinfachte Zuordnung notwendig (z. B. Anhl geplanter Einheiten). Individuelle Zuordnungskriterien nd insbesondere bei Planungs- und Finanzierungskosten forderlich.

ɹordnung nach Zahlungsfluß. Voraussetzung hierfür ist, aß auf den Zahlungsträgern bzw. auf den Abschlagsrechɹngen das „Bauvorhaben“ angegeben ist. Werkverträge nd einzusehen. Gegebenenfalls ist die Bauleitung einzuɔhalten.

ufteilung auf der Grundlage der Schlußrechnung und erkverträge nur in Abstimmung mit der technischen Abilung!

ufteilung im Verhältnis der Kapitalbindung (grob vereincht):

890 ./. 3.000 = 890 = 62 %
540 ./. 1.000 = 540 = 38 %
1.430 = 100 %

Ein Abzug der Darlehensstände des zwischenfinanzierenden Kreditinstituts ist in voller Höhe nur dann vorzunehmen, wenn das Unternehmen nicht gegen das Gesetz zur Sicherung von Bauforderungen (vgl. WP Handbuch 1981 S. 606 f.) verstoßen hat, d. h. im Beispielsfall:
Aus den Krediten durften nur Ausgaben für die Verkaufsmaßnahme getätigt werden. Andernfalls sind Sonderrechnungen anzustellen.

6) Beim Ansatz der Ausgaben ist zu prüfen, inwieweit ein über den Buchwert des unbebauten Grundstücks hinausgehender Wertansatz für den Grund und Boden bis zur Höhe des Verkehrswertes vertretbar ist. Ferner ist zu prüfen, inwieweit eigene Verwaltungskosten sowie Finanzierungskosten als Ausgaben anzusetzen sind, sofern nicht schon aktiviert.

Bei der Beurteilung der Frage, ob ein Verstoß gegen das Mittelverwendungsgebot der MaBV vorliegt, ist nun zu prüfen, inwieweit dem Unternehmen frei verfügbare liquide Mittel zur Verfügung stehen.

F. Aufzeichnungs- und Nachweispflichten

§ 10 MaBV

Halten Sie fest, aus welchen Aufzeichnungen, Unterlagen und Belegen alle nachstehend aufgeführten Daten ersic sind. Verweisen Sie ggf. auf beigefügte Erläuterungen oder Muster. Prüfen Sie durch Einsichtnahme in die jewe Unterlagen deren Ordnungsmäßigkeit. Kriterien hierfür sind: Übersichtlichkeit und unverzügliche Vornahme in deut Sprache (§ 10 Abs. 1 MaBV).

1. **Allgemeine Aufzeichnungspflichten** (§ 10 Abs. 2 und 5 MaBV)

   Es müssen ersichtlich sein: **Form der Aufzeichnung**

   a) der Name und Vorname oder die Firma sowie die Anschrift des Erwerbers; ....

   b) ob der Gewerbetreibende zur Entgegennahme von Zahlungen oder sonstigen Leistungen ermächtigt ist; ....

   c) Art und Höhe der Vermögenswerte des Erwerbers, die der Gewerbetreibende zur Ausführung des Auftrags

   — erhalten soll: ....

   — erhalten hat: ....

   bzw. zu deren Verwendung er

   — ermächtigt werden soll: ....

   — ermächtigt wurde: ....

   d) daß der Gewerbetreibende den Auftraggeber davon unterrichtet hat, daß er von ihm nur im Rahmen der besonderen Sicherungspflichten für Bauträger Vermögenswerte entgegennehmen oder sich zu deren Verwendung ermächtigen lassen ....
   und diese Vermögenswerte nur objektbezogen verwenden darf, es sei denn, daß nach § 7 MaBV verfahren wird: ....

   e) Verwendung von Vermögenswerten des Auftraggebers durch den Gewerbetreibenden nach Tag und Höhe; ....

   f) Tag und Grund der Auftragsbeendigung; ....

2. **Objektbezogene Aufzeichnungspflichten** (§ 10 Abs. 4 Nr. 1 MaBV) (bei Maßnahmen, die ganz oder teilweise zur Veräußerung bestimmt sind:)

   g) Lage und Größe des Baugrundstücks; ....

   h) das Bauvorhaben mit den von der Bauaufsicht genehmigten Plänen nebst Baubeschreibung; ....

   i) der Zeitpunkt der Fertigstellung; ....

   j) die Kaufsache; ....

   k) die Kaufpreisforderung; ....

   l) die Belastungen und die Finanzierung, soweit sie nicht vom Erwerber erbracht werden soll. ....

3. Liegen **Nachweise** gem. § 10 Abs. 5 Nr. 9 MaBV vor? ....

   (Zum Inhalt der Nachweise vgl. Abschnitt G)

4. Hinsichtlich der zusätzlich erforderlichen Aufzeichnungen bei Anwendung des § 7 MaBV vgl. Abschnitt H.

   Haben sich hierbei § 10 MaBV betreffende Verstöße ergeben?

* Nichtzutreffendes bitte streichen

F

Verkaufsmaßnahme: ....

erber: ....

Ordnungsmäßig?

	Ja / Nein*	Ja / Nein	Ja / Nein	Ja / Nein	Ja / Nein	Ja / Nein
	Ja / Nein	Ja / Nein	Ja / Nein	Ja / Nein	Ja / Nein	Ja / Nein
	Ja / Nein	Ja / Nein	Ja / Nein	Ja / Nein	Ja / Nein	Ja / Nein
	Ja / Nein	Ja / Nein	Ja / Nein	Ja / Nein	Ja / Nein	Ja / Nein
	Ja / Nein	Ja / Nein	Ja / Nein	Ja / Nein	Ja / Nein	Ja / Nein
	Ja / Nein	Ja / Nein	Ja / Nein	Ja / Nein	Ja / Nein	Ja / Nein
aBV	Ja / Nein	Ja / Nein	Ja / Nein	Ja / Nein	Ja / Nein	Ja / Nein
aBV	Ja / Nein	Ja / Nein	Ja / Nein	Ja / Nein	Ja / Nein	Ja / Nein
	Ja / Nein	Ja / Nein	Ja / Nein	Ja / Nein	Ja / Nein	Ja / Nein
	Ja / Nein	Ja / Nein	Ja / Nein	Ja / Nein	Ja / Nein	Ja / Nein
	Ja / Nein	Ja / Nein	Ja / Nein	Ja / Nein	Ja / Nein	Ja / Nein
	Ja / Nein	Ja / Nein	Ja / Nein	Ja / Nein	Ja / Nein	Ja / Nein
	Ja / Nein	Ja / Nein	Ja / Nein	Ja / Nein	Ja / Nein	Ja / Nein
	Ja / Nein	Ja / Nein	Ja / Nein	Ja / Nein	Ja / Nein	Ja / Nein
	Ja / Nein	Ja / Nein	Ja / Nein	Ja / Nein	Ja / Nein	Ja / Nein
	Ja / Nein	Ja / Nein	Ja / Nein	Ja / Nein	Ja / Nein	Ja / Nein
	Ja / Nein	Ja / Nein	Ja / Nein	Ja / Nein	Ja / Nein	Ja / Nein
	Ja / Nein	Ja / Nein	Ja / Nein	Ja / Nein	Ja / Nein	Ja / Nein

G. Informationspflichten

§ 11 MaBV

1. Gewährleistet das Verkaufs- und Kundeninformationssystem des Gewerbetreibenden (vgl. Abschn. B) **vor Annahme** des Auftrages die Unterrichtung des Auftraggebers mit den nach dem jeweiligen Verhandlungsstand erforderlichen Angaben? Ja / Nein*

2. **Wann wurde schriftlich mitgeteilt:** Erwerber: ....

Annahme des Auftrages: Datum: ....

Zur Prüfung dieser Vorschrift sind die Nachweise gem. § 10 Abs. 5 Nr. 9 MaBV (vgl. Abschnitt F) heranzuziehen.

Als Zeitpunkt der Annahme des Auftrages wird in der Regel das Datum des Kaufvertragsabschlusses anzusehen sein. Die meisten der in § 11 MaBV geforderten Informationen sind im Kaufvertrag enthalten. Soweit dies nicht zutrifft, ist im Hinblick auf Frage 3 neben der Form der Informationsübermittlung auch der Zeitpunkt der schriftlichen Mitteilung festzuhalten.

Form der Mitteilung

a) ob der Gewerbetreibende zur Entgegennahme von Zahlungen oder sonstigen Leistungen ermächtigt ist; ....

b) Art und Höhe der Vermögenswerte des Auftraggebers, die der Gewerbetreibende zur Ausführung des Auftrages erhalten soll bzw. zu deren Verwendung er ermächtigt werden soll; ....

c) daß der Gewerbetreibende den Auftraggeber von ihm nur im Rahmen der besonderen Sicherungspflichten für Bauträger Vermögenswerte (§ 3 MaBV ....) entgegennehmen oder sich zu deren Verwendung ermächtigen lassen und diese Vermögenswerte nur objektbezogen verwenden darf, (§ 4 MaBV ....) es sei denn, daß nach § 7 MaBV verfahren wird;

d) Lage und Größe des Baugrundstücks; ....

e) das Bauvorhaben mit den von der Bauaufsicht genehmigten Plänen nebst Baubeschreibung; ....

f) der Zeitpunkt der Fertigstellung; ....

g) die Kaufsache; ....

h) die Kaufpreisforderung; ....

i) die Belastungen und die Finanzierung, soweit sie nicht vom Erwerber erbracht werden soll. ....

3. Wurden die unter Ziff. 2 aufgeführten Angaben spätestens bis zur Annahme des Auftrages mitgeteilt? Ja / Nein

4. Hinsichtlich der zusätzlichen Informationspflichten bei Anwendung des § 7 MaBV vgl. Abschnitt H. Haben sich hierbei § 11 MaBV betreffende Verstöße ergeben? Ja / Nein

---

* Nichtzutreffendes bitte streichen

G

Verkaufsmaßnahme: ……………………………………

Datum:	Datum:	Datum:	Datum:	Datum:
Form der Mitteilung	Form der Mitteilung	Form der Mitteilung	Form der Mitteilung	Form der Mitteilung
Ja / Nein	Ja / Nein	Ja / Nein	Ja / Nein	Ja / Nein
Ja / Nein	Ja / Nein	Ja / Nein	Ja / Nein	Ja / Nein

H. Ausnahmevorschriften

§ 7 MaBV

(Befreiung von der Einhaltung der §§ 3—6 MaBV)

Das Prüfprogramm berücksichtigt an dieser Stelle auch die bei Anwendung des § 7 MaBV im Rahmen der §§ 10 11 MaBV **zusätzlich** zu beachtenden Vorschriften.

Im Prüfungsbericht erfolgt die Auswertung der Prüfungsfeststellungen bei den entsprechenden Vorschriften.

Werden Bestimmungen des § 7 MaBV aufgrund vertraglicher Vereinbarungen ausgeschlossen oder beschränkt, ein Verstoß auch gegen **§ 12 MaBV** vor. Bitte in Abschnitt I festhalten.

§ 7 Abs. 1

1. Liegt eine Kopie der Bürgschaftsurkunde oder des Versicherungsscheins vor (§ 10 Abs. 5 Nr. 4 MaBV)?
2. Wurde die Sicherheit durch einen Bürgen i. S. v. § 2 Abs. 2 MaBV geleistet?
3. Wurde die Versicherung bei einem Unternehmen i. S. v. § 2 Abs. 3 MaBV abgeschlossen?
4. Wird durch die Sicherheitsleistung die Rückgewähr bzw. Auszahlung sämtlicher Vermögenswerte des Auftraggebers sichergestellt (§ 7 Abs. 1 Satz 1 MaBV)?
5. Liegt eine Bestätigung des Auftraggebers über die rechtzeitige (d. h. vor Hereinnahme von Auftraggebermitteln) Aushändigung der zur unmittelbaren Inanspruchnahme von Sicherheiten und Versicherungen erforderlichen Urkunden vor (§§ 2 Abs. 4 Satz 3, 10 Abs. 5 Nr. 3 MaBV)?
6. Enthält die Bürgschaft den Verzicht auf die Einrede der Vorausklage (§ 2 Abs. 2 MaBV)?
7. Geht aus dem Rechnungswesen Art, Höhe und Umfang der vom Gewerbetreibenden für die Vermögenswe zu leistenden Sicherheit bzw. abzuschließenden Versicherung sowie Name oder Firma und Anschrift des Bürgen bzw. der Versicherung hervor (§ 10 Abs. 2 Nr. 2e MaBV)?

   Fehlende Daten auf gesondertem Blatt festhalten: H ......
8. Liegt ein Nachweis vor, daß die unter Ziffer 7 aufgezählten Daten dem Auftraggeber schriftlich und rechtzeitig mitgeteilt wurden (§§ 10 Abs. 5 Nr. 9 MaBV; 11 Nr. 3 MaBV)?
9. Wurde die Sicherheit aufrechterhalten bis zu dem in § 7 Abs. 1 Satz 3 MaBV beschriebenen Zeitpunkt?
10. Wurde der Tag der Beendigung des Bürgschaftsvertrages oder der Versicherung festgehalten (§ 10 Abs. 5 Nr. 7 MaBV)?

§ 7 Abs. 2

11. Erfüllen die Auftraggeber die Voraussetzungen des § 7 Abs. 2 MaBV?*
    a) Ziffer 1 — Ja / Nein
    b) Ziffer 2 — Ja / Nein
12. Liegt im Falle des § 7 Abs. 2 Nr. 2 MaBV ein Auszug aus dem Handelsregister oder dem Genossenschaftsregister vor, aus dem sich die Eigenschaft des Auftraggebers als Kaufmann ergibt (§ 10 Abs. 5 Nr. 8 MaBV)? — Ja / Nein
13. Liegen die Verzichtsurkunden vor (§ 10 Abs. 5 Nr. 8 MaBV)? — Ja / Nein

* Nichtzutreffendes bitte streichen

H

Verkaufsmaßnahme: ....

rber:	....	....	....	....	....	....
	Ja / Nein*	Ja / Nein	Ja / Nein	Ja / Nein	Ja / Nein	Ja / Nein
	Ja / Nein	Ja / Nein	Ja / Nein	Ja / Nein	Ja / Nein	Ja / Nein
	Ja / Nein	Ja / Nein	Ja / Nein	Ja / Nein	Ja / Nein	Ja / Nein
	Ja / Nein	Ja / Nein	Ja / Nein	Ja / Nein	Ja / Nein	Ja / Nein
	Ja / Nein	Ja / Nein	Ja / Nein	Ja / Nein	Ja / Nein	Ja / Nein
	Ja / Nein	Ja / Nein	Ja / Nein	Ja / Nein	Ja / Nein	Ja / Nein
	Ja / Nein	Ja / Nein	Ja / Nein	Ja / Nein	Ja / Nein	Ja / Nein
	Ja / Nein	Ja / Nein	Ja / Nein	Ja / Nein	Ja / Nein	Ja / Nein
	Ja / Nein	Ja / Nein	Ja / Nein	Ja / Nein	Ja / Nein	Ja / Nein
	Ja / Nein	Ja / Nein	Ja / Nein	Ja / Nein	Ja / Nein	Ja / Nein

I

I. Unzulässigkeit abweichender Vereinbarungen

§ 12 MaBV

Hat die Prüfung (z. B. der Verträge vgl. Abschnitte D Frage 2, 5, 14 und 16, und H) ergeben, daß der Gewerbetreibende abweichende, unzulässige vertragliche Vereinbarungen (im Hinblick auf die §§ 3—8 MaBV) getroffen hat? Ja / Nein*

Wenn Ja, in welchen Fällen?:

Erwerber: .... vgl. AP: ....

Erwerber: .... vgl. AP: ....

Erwerber: .... vgl. AP: ....

(Sofern in allen Verträgen für bestimmte Maßnahmen abweichende Vereinbarungen getroffen wurden, an Stelle des Erwerbers die Maßnahme und Anzahl der Fälle angeben.)

* Nichtzutreffendes bitte streichen

K

K. Zusammenfassung der Prüfungsergebnisse

Nehmen Sie eine abschließende Durchsicht des Prüfungsprogrammes vor und fassen Sie Ihre Feststellungen in folgender Übersicht zusammen:

Programmabschnitt	Inhalt	Wurden Verstöße bzw. Mängel festgestellt?	Maßnahme
A	Vorbereitende Prüfungshandlungen	Ja / Nein*	
B	Organisation und Aufzeichnungen	Ja / Nein	
C	§ 5 MaBV	Ja / Nein	
	§ 8 MaBV	Ja / Nein	
	§ 9 MaBV	Ja / Nein	
	§ 13 MaBV	Ja / Nein	
	§ 14 MaBV	Ja / Nein	
D	§ 3 Abs. 1 MaBV	Ja / Nein	....
	§ 3 Abs. 2 MaBV	Ja / Nein	....
	§ 6 MaBV	Ja / Nein	....
E	§ 4 MaBV	Ja / Nein	....
F	§ 10 MaBV	Ja / Nein	....
G	§ 11 MaBV	Ja / Nein	....
H	§ 7 MaBV	Ja / Nein	....
I	§ 12 MaBV	Ja / Nein	

Datum: .... Prüfer: ....

Datum: .... Prüfungskritiker: ....

* Nichtzutreffendes bitte streichen

Gewerbeordnung (GewO)

§ 34 c Makler, Bauträger, Baubetreuer

(1) Wer gewerbsmäßig

1. den Abschluß von Verträgen über

   a) Grundstücke, grundstücksgleiche Rechte, gewerbliche Räume, Wohnräume oder Darlehen,

   b) den Erwerb von Anteilscheinen einer Kapitalanlagegesellschaft, von ausländischen Investmentanteilen, von sonstigen öffentlich angebotenen Vermögensanlagen, die für gemeinsame Rechnung der Anleger verwaltet werden, oder von öffentlich angebotenen Anteilen an einer und von verbrieften Forderungen gegen eine Kapitalgesellschaft oder Kommanditgesellschaft

   vermitteln oder die Gelegenheit zum Abschluß solcher Verträge nachweisen,

2. Bauvorhaben

   a) als Bauherr im eigenen Namen für eigene oder fremde Rechnung vorbereiten oder durchführen und dazu Vermögenswerte von Erwerbern, Mietern, Pächtern oder sonstigen Nutzungsberechtigten oder von Bewerbern um Erwerbs- oder Nutzungsrechte verwenden,

   b) als Baubetreuer im fremden Namen für fremde Rechnung wirtschaftlich vorbereiten oder durchführen

   will, bedarf der Erlaubnis der zuständigen Behörde. Die Erlaubnis gilt für den Geltungsbereich des Gesetzes. Sie kann inhaltlich beschränkt und zum Schutze der Allgemeinheit und der Auftraggeber unter Auflagen erteilt werden; die nachträgliche Beifügung, Änderung oder Ergänzung von Auflagen ist zulässig.

(2) Die Erlaubnis ist zu versagen, wenn

1. Tatsachen die Annahme rechtfertigen, daß der Antragsteller oder eine der mit der Leitung des Betriebes oder einer Zweigniederlassung beauftragten Personen die für den Gewerbebetrieb erforderliche Zuverlässigkeit nicht besitzt; die erforderliche Zuverlässigkeit besitzt in der Regel nicht, wer in den letzten fünf Jahren vor Stellung des Antrages wegen eines Verbrechens oder wegen Diebstahls, Unterschlagung, Erpressung, Betruges, Untreue, Urkundenfälschung, Hehlerei, Wuchers oder einer Konkursstraftat rechtskräftig verurteilt worden ist, oder

2. der Antragsteller in ungeordneten Vermögensverhältnissen lebt; dies ist in der Regel der Fall, wenn über das Vermögen des Antragstellers der Konkurs oder das Vergleichsverfahren eröffnet worden oder er in das vom Konkursgericht oder vom Vollstreckungsgericht zu führende Verzeichnis (§ 107 Abs. 2 Konkursordnung, § 915 Zivilprozeßordnung) eingetragen ist.

(3) Der Bundesminister für Wirtschaft wird ermächtigt, durch Rechtsverordnung mit Zustimmung des Bundesrates zum Schutze der Allgemeinheit und der Auftraggeber Vorschriften zu erlassen über den Umfang der Verpflichtungen des Gewerbetreibenden bei der Ausübung des Gewerbes, insbesondere über die Verpflichtungen

1. ausreichende Sicherheiten zu leisten oder eine zu diesem Zweck geeignete Versicherung abzuschließen, sofern der Gewerbetreibende Vermögenswerte des Auftraggebers erhält oder verwendet,
2. die erhaltenen Vermögenswerte des Auftraggebers getrennt zu verwalten,
3. nach der Ausführung des Auftrages dem Auftraggeber Rechnung zu legen,
4. der zuständigen Behörde Anzeige beim Wechsel der mit der Leitung des Betriebes oder einer Zweigniederlassung beauftragten Personen zu erstatten,
5. dem Auftraggeber die für die Beurteilung des Auftrages und des zu vermittelnden oder nachzuweisenden Vertrages jeweils notwendigen Informationen schriftlich oder mündlich zu geben,
6. Bücher zu führen,
7. der zuständigen Behörde Auskünfte zu erteilen,
8. die behördliche Nachschau zu dulden; das Grundrecht des Artikels 13 des Grundgesetzes kann für die Nachschau eingeschränkt werden.

In der Rechtsverordnung nach Satz 1 kann ferner die Befugnis des Gewerbetreibenden zur Entgegennahme und zur Verwendung von Vermögenswerten des Auftraggebers beschränkt werden, soweit dies zum Schutze des Auftraggebers erforderlich ist. Außerdem kann in der Rechtsverordnung der Gewerbetreibende verpflichtet werden, die Einhaltung der nach Satz 1 Nr. 1 bis 6 und Satz 2 erlassenen Vorschriften auf seine Kosten regelmäßig sowie aus besonderem Anlaß prüfen zu lassen und den Prüfungsbericht der zuständigen Behörde vorzulegen, soweit es zur wirksamen Überwachung erforderlich ist; hierbei können die Einzelheiten der Prüfung, insbesondere deren Anlaß, Zeitpunkt und Häufigkeit, die Auswahl, Bestellung und Abberufung der Prüfer, deren Rechte, Pflichten und Verantwortlichkeit, der Inhalt des Prüfungsberichts, die Verpflichtungen des Gewerbetreibenden gegenüber dem Prüfer sowie das Verfahren bei Meinungsverschiedenheiten zwischen dem Prüfer und dem Gewerbetreibenden, geregelt werden.

(4) (weggefallen)

(5) Die Absätze 1 bis 3 gelten nicht für

1. Organe der staatlichen Wohnungspolitik und gemeinnützige Wohnungsunternehmen, soweit sie nach den für sie maßgebenden Vorschriften Geschäfte im Sinne des Absatzes 1 tätigen dürfen,
2. gemeinnützige ländliche Siedlungsunternehmen und andere Unternehmen, insbesondere freie Wohnungsunternehmen, die nach § 37 Abs. 2 Buchstabe b des Zweiten Wohnungsbaugesetzes in der Fassung der Bekanntmachung vom 1. September

1976 (BGBl. I S. 2673) als Betreuungsunternehmen zugelassen sind oder gelten, soweit sie nach ihrer Satzung Geschäfte im Sinne des Absatzes 1 Nr. 2 tätigen dürfen,

3. Kreditinstitute, für die eine Erlaubnis nach § 32 Abs. 1 des Gesetzes über das Kreditwesen erteilt wurde,

4. Kursmakler und freie Makler, die an einer deutschen Wertpapierbörse mit dem Recht zur Teilnahme am Handel zugelassen sind,

5. Gewerbetreibende, die lediglich zur Finanzierung der von ihnen abgeschlossenen Warenverkäufe den Abschluß von Verträgen über Darlehen vermitteln oder die Gelegenheit zum Abschluß solcher Verträge nachweisen.

Verordnung über die Pflichten der Makler, Darlehens- und Anlagenvermittler, Bauträger und Baubetreuer (Makler- und Bauträgerverordnung — MaBV —)

in der Fassung der Bekanntmachung[1] vom 11. Juni 1975
(BGBl. I S. 1351, geändert durch Verordnung vom 28. 11. 1979, BGBl. I S. 1986)

(7104-6)

§ 1 Anwendungsbereich[2]

Diese Verordnung gilt für Gewerbetreibende, die nach § 34 c Abs. 1 der Gewerbeordnung der Erlaubnis bedürfen. Gewerbetreibende, die

1. als Versicherungs- oder Bausparkassenvertreter im Rahmen ihrer Tätigkeit für ein der Aufsicht des Bundesaufsichtsamtes für das Versicherungswesen unterliegendes Versicherungsunternehmen oder für eine der Aufsicht des Bundesaufsichtsamtes für das Kreditwesen unterliegende Bausparkasse den Abschluß von Verträgen über Darlehen vermitteln oder die Gelegenheit zum Abschluß solcher Verträge nachweisen oder

2. den Abschluß von Verträgen über die Nutzung der von ihnen für Rechnung Dritter verwalteten Grundstücke, grundstücksgleichen Rechte, gewerblichen Räume oder Wohnräume vermitteln oder die Gelegenheit zum Abschluß solcher Verträge nachweisen,

unterliegen hinsichtlich dieser Tätigkeit nicht den Vorschriften dieser Verordnung.

§ 2 Sicherheitsleistung, Versicherung[1]

(1) Bevor der Gewerbetreibende zur Ausführung des Auftrages Vermögenswerte des Auftraggebers erhält oder zu deren Verwendung ermächtigt wird, hat er dem Auftrag-

1 Die Bek. v. 11. 6. 1975, durch die die MaBV neu bekanntgemacht wurde, hat folgenden Wortlaut:
„Auf Grund des Artikels 3 der Verordnung zur Änderung der Verordnung zur Durchführung des § 34 c der Gewerbeordnung vom 13. Mai 1975 (Bundesgesetzbl. I S. 1110) wird nachstehend der Wortlaut der Verordnung über die Pflichten der Makler, Darlehens- und Anlagenvermittler, Bauträger und Baubetreuer (Makler- und Bauträgerverordnung — MaBV —) in der Fassung bekanntgegeben, wie sie sich aus der oben angeführten Änderungsverordnung ergibt.
Die Rechtsvorschriften sind auf Grund des § 34 c der Gewerbeordnung und des Artikels 3 des Gesetzes zur Änderung der Gewerbeordnung vom 16. August 1972 (Bundesgesetzbl. I S. 1465) erlassen worden."

2 § 1 geändert durch VO vom 28. 11. 1979 (BGBl. I S. 1986)

1 § 2 geändert durch VO vom 28. 11. 1979 (BGBl. I S. 1986)

geber in Höhe dieser Vermögenswerte Sicherheit zu leisten oder eine zu diesem Zweck geeignete Versicherung abzuschließen; dies gilt nicht in den Fällen des § 34 c Abs. 1 Satz 1 Nr. 2 Buchstabe a der Gewerbeordnung, sofern dem Auftraggeber Eigentum an einem Grundstück übertragen oder ein Erbbaurecht bestellt oder übertragen werden soll. Zu sichern sind Schadensersatzansprüche des Auftraggebers wegen etwaiger von dem Gewerbetreibenden und den Personen, die er zur Verwendung der Vermögenswerte ermächtigt hat, vorsätzlich begangener unerlaubter Handlungen, die sich gegen die in Satz 1 bezeichneten Vermögenswerte richten.

(2) Die Sicherheit kann nur durch die Stellung eines Bürgen geleistet werden. Als Bürge können nur Körperschaften des öffentlichen Rechts mit Sitz im Geltungsbereich dieser Verordnung, Kreditinstitute, die eine Erlaubnis zum Geschäftsbetrieb nach dem Gesetz über das Kreditwesen vom 10. Juli 1961 (Bundesgesetzbl. I S. 881), zuletzt geändert durch das Zuständigkeitsanpassungs-Gesetz vom 18. März 1975 (Bundesgesetzbl. I S. 705), besitzen, sowie Versicherungsunternehmen bestellt werden, die eine Erlaubnis zum Betrieb der Bürgschaftsversicherung nach dem Gesetz über die Beaufsichtigung der privaten Versicherungsunternehmungen vom 6. Juni 1931 (Reichsgesetzbl. I S. 315), zuletzt geändert durch das Gesetz zur Änderung des Gesetzes über die Beaufsichtigung der privaten Versicherungsunternehmungen vom 20. Dezember 1974 (Bundesgesetzbl. I S. 3693), besitzen. Die Bürgschaftserklärung muß den Verzicht auf die Einrede der Vorausklage enthalten. Die Bürgschaft darf nicht vor dem Zeitpunkt ablaufen, der sich aus Absatz 5 ergibt.

(3) Versicherungen sind nur dann im Sinne des Absatzes 1 geeignet, wenn

1. das Versicherungsunternehmen eine Erlaubnis zum Betrieb der Vertrauensschadenversicherung nach dem Gesetz über die Beaufsichtigung der privaten Versicherungsunternehmungen besitzt und

2. die allgemeinen Versicherungsbedingungen dem Zweck dieser Verordnung gerecht werden, insbesondere den Auftraggeber aus dem Versicherungsvertrag auch in den Fällen des Konkurs- und des Vergleichsverfahrens des Gewerbetreibenden unmittelbar berechtigen.

(4) Sicherheiten und Versicherungen können nebeneinander geleistet und abgeschlossen werden. Sie können für jeden einzelnen Auftrag oder für mehrere gemeinsam geleistet oder abgeschlossen werden. Der Gewerbetreibende hat dem Auftraggeber die zur unmittelbaren Inanspruchnahme von Sicherheiten und Versicherungen erforderlichen Urkunden auszuhändigen, bevor er Vermögenswerte des Auftraggebers erhält oder zu deren Verwendung ermächtigt wird.

(5) Die Sicherheiten und Versicherungen sind aufrechtzuerhalten

1. in den Fällen des § 34 c Abs. 1 Satz 1 Nr. 1 der Gewerbeordnung, bis der Gewerbetreibende die Vermögenswerte an den in dem Auftrag bestimmten Empfänger übermittelt hat,

2. in den Fällen des § 34 c Abs. 1 Satz 1 Nr. 2 Buchstabe a der Gewerbeordnung, sofern ein Nutzungsverhältnis begründet werden soll, bis zur Einräumung des Besitzes und Begründung des Nutzungsverhältnisses,
3. in den Fällen des § 34 c Abs. 1 Satz 1 Nr. 2 Buchstabe b der Gewerbeordnung bis zur Rechnungslegung; sofern die Rechnungslegungspflicht gemäß § 8 Abs. 2 entfällt, endet die Sicherungspflicht mit der vollständigen Fertigstellung des Bauvorhabens.

Erhält der Gewerbetreibende Vermögenswerte des Auftraggebers in Teilbeträgen, oder wird er ermächtigt, hierüber in Teilbeträgen zu verfügen, endet die Verpflichtung aus Absatz 1 Satz 1, erster Halbsatz, in bezug auf die Teilbeträge, sobald er dem Auftraggeber die ordnungsgemäße Verwendung dieser Vermögenswerte nachgewiesen hat; die Sicherheiten und Versicherungen für den letzten Teilbetrag sind bis zu dem in Satz 1 bestimmten Zeitpunkt aufrechtzuerhalten.

§ 3 Besondere Sicherungspflichten für Bauträger[1]

(1) Der Gewerbetreibende darf in den Fällen des § 34 c Abs. 1 Satz 1 Nr. 2 Buchstabe a der Gewerbeordnung, sofern dem Auftraggeber Eigentum an einem Grundstück übertragen oder ein Erbbaurecht bestellt oder übertragen werden soll, Vermögenswerte des Auftraggebers zur Ausführung des Auftrages erst entgegennehmen oder sich zu deren Verwendung ermächtigen lassen, wenn

1. der Vertrag zwischen dem Gewerbetreibenden und dem Auftraggeber rechtswirksam ist, die hierfür etwa erforderlichen Genehmigungen nach einer schriftlichen Mitteilung des Notars vorliegen und dem Gewerbetreibenden keine vertraglichen Rücktrittsrechte eingeräumt sind,
2. zur Sicherung des Anspruchs des Auftraggebers auf Eigentumsübertragung oder Bestellung oder Übertragung eines Erbbaurechts an dem Vertragsobjekt eine Vormerkung an der vereinbarten Rangstelle im Grundbuch eingetragen oder die Eintragung unwiderruflich bewilligt und vom Auftraggeber beantragt worden ist und dem Grundbuchamt keine unerledigten Eintragungsanträge vorliegen, die den Anspruch des Auftraggebers beeinträchtigen,
3. die Freistellung des Vertragsobjekts von allen Grundpfandrechten, die der Vormerkung im Range vorgehen oder gleichstehen und nicht übernommen werden sollen, gesichert ist, und zwar auch für den Fall, daß das Bauvorhaben nicht vollendet wird,
4. die Baugenehmigung erteilt worden ist.

Die Freistellung nach Satz 1 Nr. 3 ist gesichert, wenn gewährleistet ist, daß die nicht zu übernehmenden Grundpfandrechte im Grundbuch gelöscht werden, und zwar, wenn

1 § 3 geändert durch VO vom 28. 11. 1979 (BGBl. I S. 1986)

das Bauvorhaben vollendet wird, unverzüglich nach Zahlung der vollen Vertragssumme, andernfalls unverzüglich nach Zahlung des dem erreichten Bautenstand entsprechenden Teils der Vertragssumme durch den Auftraggeber. Für den Fall, daß das Bauvorhaben nicht vollendet wird, kann sich der Kreditgeber vorbehalten, an Stelle der Freistellung alle vom Auftraggeber vertragsgemäß im Rahmen des Absatzes 2 bereits geleisteten Zahlungen bis zum anteiligen Wert des Vertragsobjekts zurückzuzahlen. Die zur Sicherung der Freistellung erforderlichen Erklärungen einschließlich etwaiger Erklärungen nach Satz 3 müssen dem Auftraggeber ausgehändigt worden sein. Liegen sie bei Abschluß des notariellen Vertrages bereits vor, muß auf sie in dem Vertrag Bezug genommen sein; andernfalls muß der Vertrag einen ausdrücklichen Hinweis auf die Verpflichtung des Gewerbetreibenden zur Aushändigung der Erklärungen und deren notwendigen Inhalt enthalten.

(2) Der Gewerbetreibende darf in den Fällen des Absatzes 1 die Vermögenswerte ferner höchstens in folgenden Teilbeträgen zu den jeweils angegebenen Terminen entgegennehmen oder sich zu deren Verwendung ermächtigen lassen:

1. 30 vom Hundert der Vertragssumme in den Fällen, in denen Eigentum an einem Grundstück übertragen werden soll, oder 20 vom Hundert der Vertragssumme in den Fällen, in denen ein Erbbaurecht bestellt oder übertragen werden soll, nach Beginn der Erdarbeiten,

2. vom restlichen Teil der Vertragssumme

   40 vom Hundert nach Rohbaufertigstellung,
   25 vom Hundert nach Fertigstellung der Rohinstallation einschließlich Innenputz, ausgenommen Beiputzarbeiten,
   15 vom Hundert nach Fertigstellung der Schreiner- und Glaserarbeiten, ausgenommen Türblätter,
   15 vom Hundert nach Bezugsfertigkeit und Besitzübergabe,
   5 vom Hundert nach vollständiger Fertigstellung.

(3) Der Gewerbetreibende darf in den Fällen des § 34 c Abs. 1 Satz 1 Nr. 2 Buchstabe a der Gewerbeordnung, sofern ein Nutzungsverhältnis begründet werden soll, Vermögenswerte des Auftraggebers zur Ausführung des Auftrages nur entgegennehmen oder sich zu deren Verwendung ermächtigen lassen

1. in Höhe von 20 vom Hundert der Vertragssumme nach Vertragsabschluß,

2. von dem restlichen Teil der Vertragssumme nach Maßgabe des Zahlungsplanes in Absatz 2 Nr. 2.

Absatz 1 Satz 1 Nr. 1 und 4 gilt entsprechend.

§ 4 Verwendung von Vermögenswerten des Auftraggebers

(1) Der Gewerbetreibende darf Vermögenswerte des Auftraggebers, die er erhalten hat oder zu deren Verwendung er ermächtigt worden ist, nur verwenden

1. in den Fällen des § 34 c Abs. 1 Satz 1 Nr. 1 der Gewerbeordnung zur Erfüllung des Vertrages, der durch die Vermittlung oder die Nachweistätigkeit des Gewerbetreibenden zustande gekommen ist,
2. in den Fällen des § 34 c Abs. 1 Satz 1 Nr. 2 der Gewerbeordnung zur Vorbereitung und Durchführung des Bauvorhabens, auf das sich der Auftrag bezieht; als Bauvorhaben gilt das einzelne Gebäude, bei Einfamilienreihenhäusern die einzelne Reihe.

(2) Der Gewerbetreibende darf in den Fällen des § 34 c Abs. 1 Satz 1 Nr. 2 Buchstabe b der Gewerbeordnung, in denen er das Bauvorhaben für mehrere Auftraggeber vorbereitet und durchführt, die Vermögenswerte der Auftraggeber nur im Verhältnis der Kosten der einzelnen Einheiten zu den Gesamtkosten des Bauvorhabens verwenden.

§ 5 Hilfspersonal

Ermächtigt der Gewerbetreibende andere Personen, Vermögenswerte des Auftraggebers zur Ausführung des Auftrages entgegenzunehmen oder zu verwenden, so hat er sicherzustellen, daß dies nur nach Maßgabe der §§ 3 und 4 geschieht.

§ 6 Getrennte Vermögensverwaltung

(1) Erhält der Gewerbetreibende zur Ausführung des Auftrages Vermögenswerte des Auftraggebers, so hat er sie von seinem Vermögen und dem seiner sonstigen Auftraggeber getrennt zu verwalten. Dies gilt nicht für vertragsgemäß im Rahmen des § 3 Abs. 2 oder 3 Satz 1 geleistete Zahlungen.

(2) Der Gewerbetreibende hat Gelder, die er vom Auftraggeber erhält, unverzüglich für Rechnung des Auftraggebers auf ein Sonderkonto bei einem Kreditinstitut im Sinne des § 2 Abs. 2 Satz 2 einzuzahlen und auf diesem Konto bis zur Verwendung im Sinne des § 4 zu belassen. Er hat dem Kreditinstitut offenzulegen, daß die Gelder für fremde Rechnung eingelegt werden und hierbei den Namen, Vornamen und die Anschrift des Auftraggebers anzugeben. Er hat das Kreditinstitut zu verpflichten, den Auftraggeber unverzüglich zu benachrichtigen, wenn die Einlage von dritter Seite gepfändet oder das Konkursverfahren oder das Vergleichsverfahren zur Abwendung des Konkurses über das Vermögen des Gewerbetreibenden eröffnet wird, und dem Auftraggeber jederzeit Auskunft über den Stand des Kontos zu erteilen. Er hat das Kreditinstitut ferner zu verpflichten, bei diesem Konto weder das Recht der Aufrechnung noch ein Pfand- oder Zurückbehaltungsrecht geltend zu machen, es sei denn wegen Forderungen, die in bezug auf das Konto selbst entstanden sind.

(3) Wertpapiere im Sinne des § 1 Abs. 1 des Gesetzes über die Verwahrung und Anschaffung von Wertpapieren vom 4. Februar 1937 (Reichsgesetzbl. I S. 171), zuletzt geändert durch Artikel 132 des Einführungsgesetzes zum Strafgesetzbuch vom 2. März 1974 (Bundesgesetzbl. I S. 469), die der Gewerbetreibende vom Auftraggeber erhält, hat er unverzüglich für Rechnung des Auftraggebers einem Kreditinstitut im Sinne des § 2 Abs. 2 Satz 2 zur Verwahrung anzuvertrauen. Absatz 2 Satz 2 bis 4 ist anzuwenden.

§ 7 Ausnahmevorschrift[1]

(1) Gewerbetreibende im Sinne des § 34 c Abs. 1 Satz 1 Nr. 2 Buchstabe a der Gewerbeordnung, die dem Auftraggeber Eigentum an einem Grundstück zu übertragen oder ein Erbbaurecht zu bestellen oder zu übertragen haben, sind von den Verpflichtungen des § 3 Abs. 1 und 2, des § 4 Abs. 1 und der §§ 5 und 6, die übrigen Gewerbetreibenden im Sinne des § 34 c Abs. 1 der Gewerbeordnung sind von den Verpflichtungen des § 2, des § 3 Abs. 3 und der §§ 4 bis 6 freigestellt, sofern sie Sicherheit für alle etwaigen Ansprüche des Auftraggebers auf Rückgewähr oder Auszahlung seiner Vermögenswerte im Sinne des § 2 Abs. 1 Satz 1 geleistet haben. § 2 Abs. 2, Abs. 4 Satz 2 und 3 und Abs. 5 Satz 1 gilt entsprechend. In den Fällen des § 34 c Abs. 1 Satz 1 Nr. 2 Buchstabe a der Gewerbeordnung, in denen dem Auftraggeber Eigentum an einem Grundstück übertragen oder ein Erbbaurecht bestellt oder übertragen werden soll, ist die Sicherheit aufrechtzuerhalten, bis das Vertragsobjekt bezugsfertig ist, der Besitz übergeben ist, die Rechtsänderung oder eine Vormerkung zur Sicherung des Anspruchs des Auftraggebers auf die Rechtsänderung im Grundbuch eingetragen ist und die vor- oder gleichrangigen Belastungen, die nicht übernommen werden sollen, im Grundbuch gelöscht sind.

(2) Der Gewerbetreibende ist von den in Absatz 1 Satz 1 erwähnten Verpflichtungen auch dann freigestellt, wenn es sich bei dem Auftraggeber um

1. eine juristische Person des öffentlichen Rechts oder ein öffentlich-rechtliches Sondervermögen oder
2. einen in das Handelsregister oder das Genossenschaftsregister eingetragenen Kaufmann

handelt und der Auftraggeber in gesonderter Urkunde auf die Anwendung dieser Bestimmungen verzichtet. Im Falle des Satzes 1 Nr. 2 hat sich der Gewerbetreibende vom Auftraggeber dessen Eigenschaft als Kaufmann durch einen Auszug aus dem Handelsregister oder dem Genossenschaftsregister nachweisen zu lassen.

§ 8 Rechnungslegung

(1) Hat der Gewerbetreibende zur Ausführung des Auftrages Vermögenswerte des Auftraggebers erhalten oder verwendet, so hat er dem Auftraggeber nach Beendigung des Auftrages über die Verwendung dieser Vermögenswerte Rechnung zu legen. § 259 des Bürgerlichen Gesetzbuches ist anzuwenden.

(2) Die Verpflichtung, Rechnung zu legen, entfällt, soweit der Auftraggeber nach Beendigung des Auftrages dem Gewerbetreibenden gegenüber schriftlich darauf verzichtet oder der Gewerbetreibende mit den Vermögenswerten des Auftraggebers eine Leistung zu einem Festpreis zu erbringen hat.

1 § 7 geändert durch VO vom 28. 11. 1979 (BGBl. I S. 1986)

§ 9 Anzeigepflicht

Der Gewerbetreibende hat der zuständigen Behörde die jeweils mit der Leitung des Betriebes oder einer Zweigniederlassung beauftragten Personen unverzüglich anzuzeigen. Dies gilt bei juristischen Personen auch für die nach Gesetz, Satzung oder Gesellschaftsvertrag jeweils zur Vertretung berufenen Personen. In der Anzeige sind Name, Geburtsname, sofern er vom Namen abweicht, Vornamen, Staatsangehörigkeit, Geburtstag, Geburtsort und Anschrift der betreffenden Personen anzugeben.

§ 10 Buchführungspflicht[1]

(1) Der Gewerbetreibende hat von der Annahme des Auftrages an nach Maßgabe der folgenden Vorschriften Aufzeichnungen zu machen sowie Unterlagen und Belege übersichtlich zu sammeln. Die Aufzeichnungen sind unverzüglich und in deutscher Sprache vorzunehmen.

(2) Aus den Aufzeichnungen und Unterlagen sämtlicher Gewerbetreibender müssen ersichtlich sein

1. der Name und Vorname oder die Firma sowie die Anschrift des Auftraggebers,
2. folgende Angaben, soweit sie im Einzelfall in Betracht kommen,
   a) das für die Vermittler- oder Nachweistätigkeit oder für die Tätigkeit als Baubetreuer vom Auftraggeber zu entrichtende Entgelt; Wohnungsvermittler haben das Entgelt in einem Bruchteil oder Vielfachem der Monatsmiete anzugeben;
   b) ob der Gewerbetreibende zur Entgegennahme von Zahlungen oder sonstigen Leistungen ermächtigt ist;
   c) Art und Höhe der Vermögenswerte des Auftraggebers, die der Gewerbetreibende zur Ausführung des Auftrages erhalten oder zu deren Verwendung er ermächtigt werden soll;
   d) daß der Gewerbetreibende den Auftraggeber davon unterrichtet hat, daß er von ihm nur im Rahmen des § 3 Vermögenswerte entgegennehmen oder sich zu deren Verwendung ermächtigen lassen und diese Vermögenswerte nur im Rahmen des § 4 verwenden darf, es sei denn, daß nach § 7 verfahren wird;
   e) Art, Höhe und Umfang der vom Gewerbetreibenden für die Vermögenswerte zu leistenden Sicherheit und abzuschließenden Versicherung, Name oder Firma und Anschrift des Bürgen und der Versicherung;
   f) Vertragsdauer.

1 § 10 geändert durch VO vom 28. 11. 1979 (BGBl. I S. 1986)

(3) Aus den Aufzeichnungen und Unterlagen von Gewerbetreibenden im Sinne des § 34 c Abs. 1 Satz 1 Nr. 1 der Gewerbeordnung müssen ferner folgende Angaben ersichtlich sein, soweit sie im Einzelfall in Betracht kommen,

1. bei der Vermittlung oder dem Nachweis der Gelegenheit zum Abschluß von Verträgen über den Erwerb von Grundstücken oder grundstücksgleichen Rechten: Lage, Größe und Nutzungsmöglichkeit des Grundstücks, Art, Alter und Zustand des Gebäudes, Ausstattung, Wohn- und Nutzfläche, Zahl der Zimmer, Höhe der Kaufpreisforderung einschließlich zu übernehmender Belastungen, Name, Vorname und Anschrift des Veräußerers;
2. bei der Vermittlung oder dem Nachweis der Gelegenheit zum Abschluß von Verträgen über die Nutzung von Grundstücken oder grundstücksgleichen Rechten: Lage, Größe und Nutzungsmöglichkeit des Grundstücks, Art, Alter und Zustand des Gebäudes, Ausstattung, Wohn- und Nutzfläche, Zahl der Zimmer, Höhe der Mietzinsforderung sowie gegebenenfalls Höhe eines Baukostenzuschusses, einer Kaution, einer Mietvorauszahlung, eines Mieterdarlehens oder einer Abstandssumme, Name, Vorname und Anschrift des Vermieters;
3. bei der Vermittlung oder dem Nachweis der Gelegenheit zum Abschluß von Verträgen über die Nutzung von gewerblichen Räumen oder Wohnräumen: Lage des Grundstücks und der Räume, Ausstattung, Nutz- und Wohnfläche, Zahl der Räume, Höhe der Mietzinsforderung sowie gegebenenfalls Höhe eines Baukostenzuschusses, einer Kaution, einer Mietvorauszahlung, eines Mieterdarlehens oder einer Abstandssumme, Name, Vorname und Anschrift des Vermieters;
4. bei der Vermittlung oder dem Nachweis der Gelegenheit zum Abschluß von Verträgen über Darlehen: Höhe, Laufzeit, Zins- und Tilgungsleistungen unter Bezeichnung des Zahlungszeitraums, Auszahlungskurs, Dauer der Zinsbindung und Nebenkosten des Darlehens sowie dessen effektiver Jahreszins (§ 1 Abs. 4 der Verordnung über Preisangaben vom 10. Mai 1973 — Bundesgesetzbl. I S. 461 —), bei nicht durch Grundpfandrechte gesicherten Darlehen mit Ausnahme von solchen zur Finanzierung von Grundstücksgeschäften auch der vom Auftraggeber zu entrichtende Gesamtbetrag, Name, Vorname und Anschrift des Darlehensgebers; der Angabe des effektiven Jahreszinses bedarf es nicht, wenn das Darlehen dem Auftraggeber zur Verwendung in seiner selbständigen beruflichen oder gewerblichen oder in seiner behördlichen oder dienstlichen Tätigkeit gewährt werden soll;
5. bei der Vermittlung oder dem Nachweis der Gelegenheit zum Abschluß von Verträgen über den Erwerb von Anteilscheinen einer Kapitalanlagegesellschaft oder von ausländischen Investmentanteilen: Firma und Sitz der Kapitalanlagegesellschaft oder der ausländischen Investmentgesellschaft sowie je ein Stück der Vertragsbedingungen und des Verkaufsprospekts (§ 19 des Gesetzes über Kapitalanlagegesellschaften in der Fassung der Bekanntmachung vom 14. Januar 1970 — Bundesgesetzbl. I S. 127 —, geändert durch Artikel 12 des Einführungsgesetzes zum Einkommensteuerreformgesetz vom 21. Dezember 1974 — Bundesgesetzbl. I S. 3656 — und § 3 des Gesetzes über den Vertrieb ausländischer Investmentanteile und über die Besteuerung der Erträge aus ausländischen Investmentanteilen vom 28. Juli 1969 —

Bundesgesetzbl. I S. 986 —, geändert durch Artikel 13 des Einführungsgesetzes zum Einkommensteuerreformgesetz); bei der Vermittlung oder dem Nachweis der Gelegenheit zum Abschluß von Verträgen über den Erwerb von ausländischen Investmentanteilen außerdem Angaben darüber, ob die ausländische Investmentgesellschaft in ihrem Sitzland im Hinblick auf das Investmentgeschäft einer staatlichen Aufsicht untersteht, ob und wann die ausländische Investmentgesellschaft die Absicht, ihre Anteile öffentlich zu vertreiben, dem Bundesaufsichtsamt für das Kreditwesen angezeigt hat sowie ob und wann das Bundesaufsichtsamt für das Kreditwesen den öffentlichen Vertrieb untersagt hat oder die Rechte aus der Vertriebsanzeige durch Verzicht erloschen sind;

6. bei der Vermittlung oder dem Nachweis der Gelegenheit zum Abschluß von Verträgen über den Erwerb von sonstigen öffentlich angebotenen Vermögensanlagen, die für gemeinsame Rechnung der Anleger verwaltet werden, sowie über den Erwerb von öffentlich angebotenen Anteilen an einer Kommanditgesellschaft:

   a) die Kosten, die insgesamt jeweils von jeder Zahlung des Erwerbers abgezogen werden;

   b) die laufenden Kosten, die darüber hinaus jährlich nach den Vertragsbedingungen einbehalten werden;

   c) ob bei steuerbegünstigten Anlagen eine Bescheinigung des zuständigen Finanzamtes über die Anerkennung der Verlustzuweisungen vorliegt;

   d) ob rechtsverbindlich öffentliche Finanzierungshilfen zugesagt worden sind;

   e) ob die eingezahlten Gelder von einem Kreditinstitut treuhänderisch verwaltet werden, sowie Firma und Sitz dieses Kreditinstituts;

   f) ob bei einer Kommanditgesellschaft die Kapitalanteile von Kommanditisten als Treuhänder für die Anleger gehalten werden, sowie Name, Vorname oder Firma und Anschrift oder Sitz dieser Treuhänder;

   g) wie hoch der Anteil der Fremdfinanzierung an der gesamten Finanzierung ist, ob die Kredite fest zugesagt sind und von wem;

   h) ob ein Kontrollorgan für die Geschäftsführung bestellt ist und welche Befugnisse es hat;

   i) ob die Haftung des Erwerbers auf die Einlage beschränkt ist;

   j) ob weitere Zahlungsverpflichtungen für den Erwerber bestehen oder entstehen können;

   k) Firma und Sitz des Unternehmens, das die angebotene Vermögensanlage verwaltet, oder der Gesellschaft, deren Anteile angeboten werden;

7. bei der Vermittlung oder dem Nachweis der Gelegenheit zum Abschluß von Verträgen über den Erwerb von öffentlich angebotenen Anteilen an einer Kapitalgesellschaft oder verbrieften Forderungen gegen eine Kapitalgesellschaft oder Kommanditgesellschaft:

a) Firma, Sitz und Zeitpunkt der Gründung der Gesellschaft;

b) ob und an welchen Börsen die Anteile oder Forderungen gehandelt werden;

c) ob ein Emissionsprospekt und ein Börsenprospekt vorliegen;

d) nach welchem Recht sich die Beziehungen zwischen dem Erwerber und der Gesellschaft richten;

e) sämtliche mit dem Erwerb verbundenen Kosten;

bei verbrieften Forderungen außerdem Angaben über Zinssatz, Ausgabekurs, Tilgungs- und Rückzahlungsbedingungen und Sicherheiten.

(4) Aus den Aufzeichnungen und Unterlagen von Gewerbetreibenden im Sinne des § 34 c Abs. 1 Satz 1 Nr. 2 der Gewerbeordnung müssen zusätzlich zu den Angaben nach Absatz 2 folgende Angaben ersichtlich sein, soweit sie im Einzelfall in Betracht kommen,

1. bei Bauvorhaben, die ganz oder teilweise zur Veräußerung bestimmt sind: Lage und Größe des Baugrundstücks, das Bauvorhaben mit den von der Bauaufsicht genehmigten Plänen nebst Baubeschreibung, der Zeitpunkt der Fertigstellung, die Kaufsache, die Kaufpreisforderung, die Belastungen, die Finanzierung, soweit sie nicht vom Erwerber erbracht werden soll;

2. bei Bauvorhaben, die ganz oder teilweise vermietet, verpachtet oder in anderer Weise zur Nutzung überlassen werden sollen: Lage und Größe des Baugrundstücks, das Bauvorhaben mit den von der Bauaufsicht genehmigten Plänen nebst Baubeschreibung, der Zeitpunkt der Fertigstellung, der Vertragsgegenstand, die Mietzins-, Pachtzins- oder sonstige Forderung, die darüber hinaus zu erbringenden laufenden Leistungen und die etwaigen einmaligen Leistungen, die nicht zur Vorbereitung oder Durchführung des Bauvorhabens verwendet werden sollen;

3. bei Bauvorhaben, die der Gewerbetreibende als Baubetreuer wirtschaftlich vorbereiten oder durchführen soll: Lage und Größe des Baugrundstücks, das Bauvorhaben mit Plänen und Baubeschreibung, der Zeitpunkt der Fertigstellung, die veranschlagten Kosten, die Kostenobergrenze und die von dem Gewerbetreibenden bei Dritten zu beschaffende Finanzierung.

(5) Aus den Aufzeichnungen, Unterlagen und Belegen sämtlicher Gewerbetreibender müssen ferner ersichtlich sein, soweit dies im Einzelfall in Betracht kommt,

1. Art und Höhe der Vermögenswerte des Auftraggebers, die der Gewerbetreibende zur Ausführung des Auftrages erhalten hat oder zu deren Verwendung er ermächtigt wurde,

2. das für die Vermittler- oder Nachweistätigkeit oder für die Tätigkeit als Baubetreuer vom Auftraggeber entrichtete Entgelt,

3. eine Bestätigung des Auftraggebers über die Aushändigung der in § 2 Abs. 4 Satz 3 bezeichneten Unterlagen,

4. Kopie der Bürgschaftsurkunde und des Versicherungsscheins,

5. Verwendungen von Vermögenswerten des Auftraggebers durch den Gewerbetreibenden nach Tag und Höhe, in den Fällen des § 2 Abs. 5 Satz 2 auch eine Bestätigung des Auftraggebers darüber, daß ihm die ordnungsgemäße Verwendung der Teilbeträge nachgewiesen worden ist,
6. Tag und Grund der Auftragsbeendigung,
7. Tag der Beendigung des Bürgschaftsvertrages und der Versicherung,
8. die in § 7 Abs. 2 erwähnten Unterlagen,
9. Nachweis, daß dem Auftraggeber die in § 11 bezeichneten Angaben rechtzeitig und vollständig mitgeteilt worden sind.

(6) Sonstige Vorschriften über Aufzeichnungs- und Buchführungspflichten des Gewerbetreibenden und die §§ 2 und 3 des Gesetzes über die Sicherung der Bauforderungen vom 1. Juni 1909 (Reichsgesetzbl. S. 499), zuletzt geändert durch Artikel 74 des Einführungsgesetzes zum Strafgesetzbuch vom 2. März 1974 (Bundesgesetzbl. I S. 469), bleiben unberührt.

§ 11 Informationspflicht[*, 1]

Der Gewerbetreibende hat dem Auftraggeber schriftlich und in deutscher Sprache folgende Angaben mitzuteilen, soweit sie im Einzelfall in Betracht kommen:

1. in den Fällen des § 34 c Abs. 1 Satz 1 Nr. 1 Buchstabe a der Gewerbeordnung, sofern der Abschluß von Verträgen über
   a) Grundstücke, grundstücksgleiche Rechte, gewerbliche Räume oder Wohnräume,
   b) durch Grundpfandrechte gesicherte Darlehen, nicht durch Grundpfandrechte gesicherte Darlehen zur Finanzierung von Grundstücksgeschäften oder Darlehen, die dem Auftraggeber zur Verwendung in seiner selbständigen beruflichen oder gewerblichen oder in seiner behördlichen oder dienstlichen Tätigkeit gewährt werden sollen,

   vermittelt oder die Gelegenheit zum Abschluß solcher Verträge nachgewiesen werden soll, unmittelbar nach der Annahme des Auftrages die in § 10 Abs. 2 Nr. 2 Buchstaben a und f erwähnten Angaben und spätestens bei Aufnahme der Vertragsverhandlungen über den vermittelten oder nachgewiesenen Vertragsgegenstand die in § 10 Abs. 2 Nr. 2 Buchstaben b bis e und Abs. 3 Nr. 1 bis 4 erwähnten Angaben,
2. in den übrigen Fällen des § 34 c Abs. 1 Satz 1 Nr. 1 der Gewerbeordnung vor der Annahme des Auftrages die in § 10 Abs. 2 Nr. 2 und Abs. 3 Nr. 4 bis 7 erwähnten Angaben,

* Amtl. Anm.: Diese Vorschrift tritt am 1. 8. 1975 in Kraft.
1 § 11 geändert durch VO vom 28. 11. 1979 (BGBl. I S. 1986)

3. in den Fällen des § 34 c Abs. 1 Satz 1 Nr. 2 der Gewerbeordnung spätestens bis zur Annahme des Auftrages die in § 10 Abs. 2 Nr. 2 und Abs. 4 erwähnten Angaben. Vor diesem Zeitpunkt hat der Gewerbetreibende dem Auftraggeber die Angaben zu machen, die zur Beurteilung des Auftrages nach dem jeweiligen Verhandlungsstand erforderlich sind. Im Falle des § 10 Abs. 4 Nr. 3 entfällt die Verpflichtung, soweit die Angaben vom Auftraggeber stammen.

§ 12 Unzulässigkeit abweichender Vereinbarungen

Der Gewerbetreibende darf seine Verpflichtungen nach den §§ 2 bis 8 sowie die nach § 2 Abs. 1 zu sichernden Schadensersatzansprüche des Auftraggebers durch vertragliche Vereinbarung weder ausschließen noch beschränken.

§ 13 Inseratensammlung[1]

(1) Je ein Stück sämtlicher Veröffentlichungen und Werbeschriften, insbesondere Inserate und Prospekte, in denen der Gewerbetreibende Tätigkeiten ankündigt, die den Vorschriften dieser Verordnung unterliegen, ist in der Reihenfolge des Erscheinens übersichtlich zu verwahren. Die gesammelten Inserate müssen einen Hinweis auf die Bezeichnung der Druckschrift und den Tag ihres Erscheinens enthalten. Bei gleichlautenden Dauerinseraten genügt die Verwahrung der erstmaligen Veröffentlichung mit einem Vermerk über alle weiteren Erscheinungstage. Der Gewerbetreibende kann an Stelle der Inserate die Kopien der Anzeigenaufträge und die Rechnungen oder die Kopien der Rechnungen des Verlagsunternehmens, aus denen die Bezeichnung der Druckschrift und der Tag ihres Erscheinens ersichtlich sein müssen, verwahren.

(2) Soweit die Verwahrung einer Veröffentlichung nach Absatz 1 wegen ihrer Art nicht möglich ist, ist ein Vermerk über ihren Inhalt und den Tag ihres Erscheinens zu der Sammlung zu nehmen.

§ 14 Aufbewahrung[1]

(1) Die in den §§ 10 und 13 bezeichneten Geschäftsunterlagen sind 5 Jahre in den Geschäftsräumen aufzubewahren. Die Aufbewahrungsfrist beginnt in den Fällen des § 10 mit dem Schluß des Kalenderjahres, in dem der letzte aufzeichnungspflichtige Vorgang für den jeweiligen Auftrag angefallen ist, in den Fällen des § 13 mit dem Schluß des Kalenderjahres, in dem die letzte Veröffentlichung oder Werbung stattgefunden hat. Vorschriften, die eine längere Frist bestimmen, bleiben unberührt.

1 § 13 geändert durch VO vom 28. 11. 1979 (BGBl. I S. 1986)

1 § 14 geändert durch VO vom 28. 11. 1979 (BGBl. I S. 1986)

(2) Die nach Absatz 1 aufzubewahrenden Unterlagen können auch in Form einer verkleinerten Wiedergabe aufbewahrt werden, wenn gesichert ist, daß die Wiedergabe mit der Urschrift übereinstimmt. Der Gewerbetreibende hat auf Verlangen der zuständigen Behörde auf seine Kosten die erforderliche Anzahl ohne Hilfsmittel lesbarer Reproduktionen vorzulegen; bei Ermittlungen oder Prüfungen in den Geschäftsräumen sind für verkleinerte Wiedergaben die erforderlichen Lesegeräte bereitzuhalten.

§ 15 Auskunft und Nachschau

(1) Der Gewerbetreibende hat den Beauftragten der zuständigen Behörde die für die Überwachung des Geschäftsbetriebs erforderlichen mündlichen und schriftlichen Auskünfte innerhalb der gesetzten Frist und unentgeltlich zu erteilen.

(2) Die von der zuständigen Behörde beauftragten Personen sind befugt, zum Zwecke der Überwachung Grundstücke und Geschäftsräume des Gewerbetreibenden während der üblichen Geschäftszeit zu betreten, dort Prüfungen und Besichtigungen vorzunehmen, sich die geschäftlichen Unterlagen des Gewerbetreibenden vorlegen zu lassen und in diese Einsicht zu nehmen. Zur Verhütung dringender Gefahren für die öffentliche Sicherheit und Ordnung können die Grundstücke und Geschäftsräume tagsüber auch außerhalb der in Satz 1 genannten Zeit sowie tagsüber auch dann betreten werden, wenn sie zugleich Wohnzwecken des Gewerbetreibenden dienen. Der Gewerbetreibende hat die Maßnahmen nach den Sätzen 1 und 2 zu dulden. Das Grundrecht der Unverletzlichkeit der Wohnung (Artikel 13 des Grundgesetzes) wird insoweit eingeschränkt.

(3) Der Gewerbetreibende kann die Auskunft auf solche Fragen verweigern, deren Beantwortung ihn selbst oder einen der in § 383 Abs. 1 Nr. 1 bis 3 der Zivilprozeßordnung bezeichneten Angehörigen der Gefahr strafgerichtlicher Verfolgung oder eines Verfahrens nach dem Gesetz über Ordnungswidrigkeiten aussetzen würde.

§ 16 Prüfungen*

(1) Gewerbetreibende im Sinne des § 34 c Abs. 1 der Gewerbeordnung haben auf ihre Kosten die Einhaltung der sich aus den §§ 2 bis 14 ergebenden Verpflichtungen für jedes Kalenderjahr spätestens bis zum 30. September des darauffolgenden Jahres durch einen geeigneten Prüfer prüfen zu lassen und der zuständigen Behörde den Prüfungsbericht unverzüglich nach dessen Erstellung zu übermitteln. Der Prüfungsbericht muß ei-

* Amtl. Anm.: Abs. 1 dieser Vorschrift tritt am 1. 1. 1976 in Kraft.

nen Vermerk darüber enthalten, ob Verstöße des Gewerbetreibenden festgestellt worden sind. Verstöße sind in dem Vermerk aufzuzeigen. Der Prüfer hat den Vermerk mit Angabe von Ort und Datum zu unterzeichnen.

(2) Die zuständige Behörde ist befugt, Gewerbetreibende im Sinne des § 34 c Abs. 1 der Gewerbeordnung auf deren Kosten aus besonderem Anlaß im Rahmen einer außerordentlichen Prüfung durch einen geeigneten Prüfer überprüfen zu lassen. Der Prüfer wird von der zuständigen Behörde bestimmt. Absatz 1 Satz 2 bis 4 gilt entsprechend.

(3) Geeignete Prüfer sind

1. Wirtschaftsprüfer, vereidigte Buchprüfer, Wirtschaftsprüfungs- und Buchprüfungsgesellschaften,
2. Prüfungsverbände, zu deren gesetzlichem oder satzungsmäßigem Zweck die regelmäßige und außerordentliche Prüfung ihrer Mitglieder gehört, sofern
   a) von ihren gesetzlichen Vertretern mindestens einer Wirtschaftsprüfer ist,
   b) sie die Voraussetzungen des § 63 b Abs. 5 des Gesetzes betreffend die Erwerbs- und Wirtschaftsgenossenschaften in der Fassung der Bekanntmachung vom 20. Mai 1898 (Reichsgesetzbl. S. 369), zuletzt geändert durch das Gesetz zur Änderung des Gesetzes betreffend die Erwerbs- und Wirtschaftsgenossenschaften vom 9. Oktober 1973 (Bundesgesetzbl. I S. 1451), erfüllen oder
   c) sie sich für ihre Prüfungstätigkeit selbständiger Wirtschaftsprüfer oder vereidigter Buchprüfer oder einer Wirtschaftsprüfungs- oder Buchprüfungsgesellschaft bedienen.

Bei Gewerbetreibenden im Sinne des § 34 c Abs. 1 Satz 1 Nr. 1 Buchstabe a der Gewerbeordnung können mit der Prüfung nach den Absätzen 1 und 2 auch andere Personen, die öffentlich bestellt oder zugelassen worden sind und die auf Grund ihrer Vorbildung und Erfahrung in der Lage sind, eine ordnungsgemäße Prüfung in dem jeweiligen Gewerbebetrieb durchzuführen, sowie deren Zusammenschlüsse betraut werden. Ungeeignet für eine Prüfung sind Personen, bei denen die Besorgnis der Befangenheit besteht.

§ 17 Rechte und Pflichten der an der Prüfung Beteiligten

(1) Der Gewerbetreibende hat dem Prüfer die Einsicht in die Bücher, Aufzeichnungen und Unterlagen zu gestatten. Er hat ihm alle Aufklärungen und Nachweise zu geben, die der Prüfer für eine sorgfältige Prüfung benötigt.

(2) Der Prüfer ist zur gewissenhaften und unparteiischen Prüfung und zur Verschwiegenheit verpflichtet. Er darf nicht unbefugt Geschäfts- und Betriebsgeheimnisse verwerten, die er bei seiner Tätigkeit erfahren hat. Ein Prüfer, der vorsätzlich oder fahrlässig seine Pflichten verletzt, ist dem Gewerbetreibenden zum Ersatz des daraus entstehenden Schadens verpflichtet. Mehrere Personen haften als Gesamtschuldner.

§ 18 Ordnungswidrigkeiten*

Ordnungswidrig im Sinne des § 144 Abs. 2 Nr. 1 der Gewerbeordnung handelt, wer

1. Vermögenswerte des Auftraggebers annimmt oder sich zu deren Verwendung ermächtigen läßt, bevor er
   a) nach § 2 Abs. 1 Sicherheit geleistet oder eine Versicherung abgeschlossen oder
   b) die in § 2 Abs. 4 Satz 3 bezeichneten Urkunden ausgehändigt hat,
2. entgegen § 2 Abs. 5, auch in Verbindung mit § 7 Abs. 1 Satz 2, oder § 7 Abs. 1 Satz 3 die Sicherheit oder Versicherung nicht aufrechterhält,
3. einer Vorschrift des § 3 über die Entgegennahme oder die Ermächtigung zur Verwendung von Vermögenswerten des Auftraggebers zuwiderhandelt,
4. einer Vorschrift des § 4 über die Verwendung von Vermögenswerten des Auftraggebers zuwiderhandelt,
5. einer Vorschrift des § 6 Abs. 1, Abs. 2 Satz 1 oder 2, Abs. 3 Satz 1 oder Abs. 3 Satz 2 in Verbindung mit Abs. 2 Satz 2 über die getrennte Vermögensverwaltung zuwiderhandelt,
6. entgegen § 9 die Anzeige nicht, nicht richtig, nicht vollständig oder nicht rechtzeitig erstattet,
7. entgegen § 10 Abs. 1 bis 5 erforderliche Aufzeichnungen nicht, nicht richtig, nicht vollständig, nicht ordnungsgemäß oder nicht rechtzeitig macht oder Unterlagen oder Belege nicht oder nicht übersichtlich sammelt,
8. entgegen § 11 Satz 1 Nr. 1 bis 3 dem Auftraggeber die dort bezeichneten Angaben nicht, nicht richtig, nicht vollständig oder nicht rechtzeitig mitteilt,
9. einer Vorschrift des § 13 über die Verwahrung, Kennzeichnung oder Aufzeichnung von Werbematerial zuwiderhandelt,
10. entgegen § 14 Abs. 1 Satz 1 Geschäftsunterlagen nicht während der vorgeschriebenen Frist aufbewahrt,
11. entgegen § 15 Abs. 1 Auskünfte nicht, nicht richtig, nicht vollständig oder nicht rechtzeitig erteilt oder entgegen § 15 Abs. 2 Satz 3 Maßnahmen der Überwachung nicht duldet,
12. entgegen § 16 Abs. 1 der zuständigen Behörde den Prüfungsbericht nicht, nicht vollständig oder nicht rechtzeitig vorlegt,
13. den Duldungs- oder Mitwirkungspflichten des § 17 Abs. 1 nicht, nicht ausreichend oder nicht rechtzeitig nachkommt.

* Amtl. Anm.: Nr. 8 dieser Vorschrift tritt am 1. 8. 1975, Nr. 12 dieser Vorschrift am 1. 1. 1976 in Kraft.

§ 19 Aufhebung von Vorschriften

Mit dem Inkrafttreten dieser Verordnung werden aufgehoben:

1. die Verordnung des Wirtschaftsministeriums Baden-Württemberg über die Buchführungs- und Auskunftspflicht gewerblicher Vermittler (Maklerverordnung) vom 9. September 1963 (Gesetzblatt für Baden-Württemberg S. 140), soweit sie eine Regelung über die gewerbsmäßige Vermittlung von Verträgen über Grundstücke, grundstücksgleiche Rechte, gewerbliche Räume, Wohnräume und Darlehen trifft,
2. die bayerische Landesverordnung über die Buchführungs- und Auskunftspflicht der gewerblichen Vermittler von Verträgen über Grundstücke, grundstücksgleiche Rechte, gewerbliche Räume, Wohnräume und Darlehen sowie von Eheschließungen (Maklerverordnung) vom 12. September 1960 (Bayerisches Gesetz- und Verordnungsblatt S. 232), geändert durch Verordnung vom 19. November 1968 (Bayerisches Gesetz- und Verordnungsblatt S. 339), soweit sie eine Regelung über die gewerbsmäßige Vermittlung von Verträgen über Grundstücke, grundstücksgleiche Rechte, gewerbliche Räume, Wohnräume und Darlehen trifft,
3. die Berliner Verordnung über die Buchführungs- und Auskunftspflicht der Immobilienmakler und Darlehensvermittler vom 22. Juni 1962 (Gesetz- und Verordnungsblatt für Berlin S. 584),
4. die bremische Verordnung über die Buchführungs- und Auskunftspflicht der gewerblichen Vermittler von Verträgen über Grundstücke, grundstücksgleiche Rechte, gewerbliche Räume, Wohnräume und Darlehen (Maklerverordnung) vom 11. Juni 1963 (Brem. GBl. S. 123),
5. die hamburgische Verordnung über die Buchführungs- und Auskunftspflicht der Immobilienmakler und Darlehensvermittler (Maklerverordnung) vom 19. Juni 1963 (Hamburgisches Gesetz- und Verordnungsblatt Teil I S. 87),
6. die hessische Verordnung über die Buchführungs- und Auskunftspflicht der gewerblichen Vermittler von Verträgen über Grundstücke, grundstücksgleiche Rechte, gewerbliche Räume, Wohnräume und Darlehen (Maklerverordnung) vom 31. Mai 1968 (Gesetz- und Verordnungsblatt für das Land Hessen Teil I S. 163),
7. die niedersächsische Verordnung über die Buchführungs- und Auskunftspflicht der gewerblichen Vermittler von Verträgen über Grundstücke, grundstücksgleiche Rechte, gewerbliche Räume, Wohnräume und Darlehen sowie von Eheschließungen (Makler-VO) vom 11. Februar 1963 (Niedersächsisches Gesetz- und Verordnungsblatt S. 73), geändert durch Verordnung vom 3. April 1968 (Niedersächsisches Gesetz- und Verordnungsblatt S. 68), soweit sie eine Regelung über die gewerbsmäßige Vermittlung von Verträgen über Grundstücke, grundstücksgleiche Rechte, gewerbliche Räume, Wohnräume und Darlehen trifft,
8. die nordrhein-westfälische Maklerverordnung vom 26. Januar 1971 (Gesetz- und Verordnungsblatt für das Land Nordrhein-Westfalen S. 12),

9. die rheinland-pfälzische Landesverordnung über die Buchführungs- und Auskunftspflicht der gewerblichen Vermittler von Verträgen über Grundstücke, grundstücksgleiche Rechte, gewerbliche Räume, Wohnräume und Darlehen (Maklerverordnung) vom 16. Januar 1968 (Gesetz- und Verordnungsblatt für das Land Rheinland-Pfalz S. 7),
10. die saarländische Verordnung über die Buchführungs- und Auskunftspflicht der gewerblichen Vermittler von Verträgen über Grundstücke, grundstücksgleiche Rechte, gewerbliche Räume, Wohnräume und Darlehen (Maklerverordnung) vom 17. August 1962 (Amtsblatt des Saarlandes S. 597),
11. die schleswig-holsteinische Maklerverordnung vom 9. Oktober 1962 (Gesetz- und Verordnungsblatt für Schleswig-Holstein S. 369).

§ 20 Übergangsvorschriften*

§ 2 Abs. 1 Satz 1 findet keine Anwendung, soweit der Gewerbetreibende vor Inkrafttreten dieser Verordnung Vermögenswerte des Auftraggebers zur Ausführung des Auftrages erhalten hat oder zu deren Verwendung ermächtigt worden ist.

§ 21 Berlin-Klausel

Diese Verordnung gilt nach § 14 des Dritten Überleitungsgesetzes vom 4. Januar 1952 (Bundesgesetzbl. I S. 1) in Verbindung mit Artikel XIV des Vierten Bundesgesetzes zur Änderung der Gewerbeordnung vom 5. Februar 1960 (Bundesgesetzbl. I S. 61) auch im Land Berlin[1].

* Amtl. Anm.: Übergangsvorschriften der Änderungsverordnung:
Art. 2. (1) Gewerbetreibende im Sinne des § 34 c Abs. 1 Satz 1 Nr. 2 Buchstabe a der Gewerbeordnung können auf Verträge, die vor dem 1. Januar 1976 abgeschlossen worden sind oder werden, anstelle der §§ 2 a bis 3 a[1] der Verordnung zur Durchführung des § 34 c der Gewerbeordnung in der Fassung dieser Verordnung die §§ 2 und 3 der genannten Verordnung in der bisher geltenden Fassung weiter anwenden. Wollen sie von dieser Möglichkeit nicht oder nicht mehr Gebrauch machen, so darf die nach diesen Vorschriften erforderliche Sicherheit oder Versicherung erst aufgegeben oder der neuen Rechtslage angepaßt werden, wenn die Voraussetzungen des neuen § 2 a[2] der genannten Verordnung hinsichtlich der Entgegennahme oder der Ermächtigung zur Verwendung von Vermögenswerten des Auftraggebers für alle vom Auftraggeber bereits erbrachten Leistungen erfüllt sind.
(2) § 2 a Abs. 1 Satz 5[3] der Verordnung zur Durchführung des § 34 c der Gewerbeordnung in der Fassung dieser Verordnung ist auf in Absatz 1 Satz 1 bezeichnete Verträge nicht anzuwenden.
[1] §§ 3 bis 5 der Neufassung.
[2] § 3 der Neufassung.
[3] § 3 Abs. 1 Satz 5 der Neufassung.

1 In Berlin übernommen durch VO v. 4. 7. 1974 (GVBl. S. 1593)

§ 22 Inkrafttreten*)

Diese Verordnung tritt am ersten Tag des auf die Verkündung folgenden dritten Monats in Kraft.

* Die Verordnung in der ursprünglichen Fassung vom 20. Juni 1974 trat am 1. September 1974 in Kraft.
Die in der vorangestellten Bekanntmachung bezeichnete Änderungsverordnung ist, bis auf die folgenden Ausnahmen, am 18. Mai 1975 in Kraft getreten. Besondere Inkrafttretensvorschriften gelten für § 11 in Verbindung mit § 18 Nr. 8 sowie § 16 Abs. 1 in Verbindung mit § 18 Nr. 12 (siehe auch die dortigen Fußnoten).